神社にまつわる言葉を
イラストと豆知識で
かしこみ かしこみ と読み解く

神社語

辞典

著・本村のり子

監修・小野善一郎

誠文堂新光社

开

この本は神社・神道にまつわる基礎的な用語を、
イラストと簡単な説明でゆるく読み解いた本です。

私は子どもの頃から神棚にお祈りをしながら育ってきました。
家族や親せきの、結婚式も葬儀も神道スタイルばかりでしたが、
専門的なことはほとんど何も知りませんでした。

平成の時代、「これは通うべき！」という直感にしたがって、
本書の監修者・小野善一郎先生の
『古事記』と「大祓詞<ruby>おおはらえのことば</ruby>」の授業を３年近く受講し、
以来、その奥深い世界にすっかり魅了されています。
その頃から、授業で出てきた知らない用語をコツコツと調べていました。
「ふむ、ふむ」と納得したり、「えーっ、すごいな」と感動したり。
ひとつの用語から受けるインパクトは大きく、とても楽しいものでした。
この本は、そうして地道に調べた用語のメモがベースになっています。

开

神社が好きで、神道に興味はあるけれど、すごく難しそう……。
そういうイメージをもっている方、多いだろうと思います。
確かに、難しいことはたくさんあるけれど、
心で感じることができれば、大丈夫です。

どうぞゆっくりお楽しみください。

本村のり子

● この本の見方と楽しみ方

知りたい言葉や、わからない言葉があれば、
その頭文字から該当のページを探してみてください。
実用的なものから豆知識まで幅広く揃っています。

◆ あまてらすおおみかみ → あまのいわと

あ

天照大御神
【あまてらすおおみかみ】

天つ神の主宰神（中心になる神さま）
で、日本人みんなの先祖となる大御
祖神。太陽の神。伊邪那岐神が黄泉
の国の穢を洗い流した際、左目を
洗ったときに誕生した。その後、高
天原を治める最高神となる。葦原
中国を統治することを決め、天つ
神たちに国つ神たちとの交渉を命じ
る。「天孫降臨」の神話で、孫の邇
邇芸命が葦原中国に天下る際に、
三種の神器と稲を授けた。

稲を
授けよう

三種の神器と

❶ 見出し（名称、神名、神社名など）

50音順に神社・神道にまつわる言葉を配列しています。
用語は漢字、ひらがな、カタカナで表記しています。

❷ 見出しの読みがな

❸ 意味や、由来の解説

❹ 解説を親しみやすくしたコメント

● 楽しみ方

・用語集とともに、「神社のあれこれ基礎知識」
　「おもしろい！　古事記漫画」なども紹介しています。

・本書の監修・小野善一郎先生のコラムで奥深い世界を学べます。

・暮らしの中に取り入れたい「祓詞（はらえことば）」「略祓詞（りゃくはらえことば）」「神社拝詞（じんじゃはいし）」
　「神棚拝詞（かみだなはいし）」「祖霊拝詞（それいはいし）」「略拝詞（りゃくはいし）」を紹介した祝詞コラムも充実！

・綴じ込み付録には、日々唱えたい「大祓詞（おおはらえのことば）」の
　全文を掲載しています。

・巻末のさくいんはカテゴリー別になっています。
　また違った視点から神社・神道の用語を知ることができます。

もくじ

神社のあれこれ
基礎知識

おもしろい！
古事記漫画

本書の決まり
・神さまのお名前は、同じ神さまでも出典や神社によって、表記が異なることがあります。
　本書では、基本的に『古事記』に準じています。
・神話についても、基本的に『古事記』に準じています。
・神社、神道、歴史については、一般的なことを記しています。
・感染症流行時など、手水舎などの使用を中止している神社は多いですが、
　本書では、平時での一般的なことを記しています。
・本書に掲載している情報は、令和3（2021）年7月現在のものです。

た

カルチャー
culture

神社のあれこれ
基礎知識

神社を参拝する際の決まりごとから、
私たちと深い関わりのある
人生儀礼や年中行事、
毎年神社で執り行われている
恒例祭と神事、
そして、自分だけの神さまの
見つけ方まで、知っておきたい
基礎知識のご紹介です。

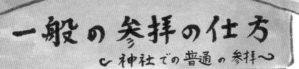

一般の参拝の仕方
〜神社での普通の参拝〜

一. 鳥居をくぐる

ここからは神域。

一礼してくぐるのがお作法

なるべく私語は
慎もう

二. 手水舎で心身を清める

柄杓で
清水を
汲む
➡ 左手を
清める
➡ 右手を
清める
➡ 左手のひら
に水を受け
口をすすぐ
➡ 左手を
水で
流す
➡ 柄杓の
柄を
洗い流す

玉砂利の参道は心静かに歩く

14　●感染症流行時など、手水舎などの使用を中止している神社は多いですが、
　　　本書では、平時での一般的なことを記しています。

三、参拝

賽銭を納める

賽銭はお供えもの。
投げ入れてはいけない

> 賽銭を納めた後
> あれば
> 鈴を鳴らす

2拝2拍手1拝して祈る

直立の
姿勢で
立つ

➡

腰を90度に
折って頭を
下げることを
2回する

➡

拍手を
2回
打つ

➡

胸の高さ
で両手を
合わせて
祈る

➡

もう一度
頭を
下げる

> 御朱印は参拝の後にいただく

正式（祈願含）参拝の仕方
〜神社での改まった参拝〜

一. 受付をする

社務所や授与所で
お願いの内容などを
書いて申し込む

紅白の水引（みずひき）などののし袋で
初穂料（玉串料）を納める

二. 心身を祓（はら）い清める

修祓（しゅばつ）

 →

神職が祓詞を奏上。
参拝者は上体を60度に
傾ける

神職が大麻（おおぬさ）で
お祓いをする。参拝者は
上体を45度傾ける

祝詞奏上（のりとそうじょう）

神職が参拝者のお願いの
内容を神さまに伝える。
参拝者は上体を60度に傾ける

玉串奉奠（たまぐしほうてん）

玉串は左手で
先のほうを右手
で根元に持つ

玉串を90度右
に回し、両手で
根元を持って
祈念を込める

さらに玉串を
右に回し、
ご神前に根元
を向けて拝げる

2拝2拍手
1拝をする

直会（なおらい）

神前からさげた
神饌（しんせん）やお神酒を
いただく

三、授与品を授かる

お神札（ふだ）など
を授かる

人生儀礼

人生には、心身の節目になる大切な日があります。
そうした人生儀礼の際には神社にお参りして、
感謝の気持ちを伝え、これからの無事を祈ります。

誕生前	妊娠5か月 ………………………	着帯の祝い
0歳	誕生後7日目 …………………	お七夜
	誕生後1か月頃 ………………	初宮詣
	誕生後100〜120日 ………	お食い初め
	誕生後初めての節句 ……… 女の子3月3日 男の子5月5日	初節句
	1歳 ……………………………	一升もち
	男の子3歳と5歳 ………… 女の子3歳と7歳	七五三
10歳	13歳 …………………………	十三参り
20歳	20歳 …………………………	成人式
30歳	女性33歳 ……………………	本厄
40歳	男性42歳 ……………………	本厄
50歳		
60歳	61歳 …………………………	還暦
70歳	70歳 …………………………	古希
	77歳 …………………………	喜寿
80歳	80歳 …………………………	傘寿
	88歳 …………………………	米寿
90歳	90歳 …………………………	卒寿
100歳	99歳 …………………………	白寿

●日取りは地方によって多少の違いがあります。

暮らしには、毎年決まった時季に行われる行事があります。
お正月に年神さまを迎えたら、春には豊作、夏には無病息災を願い、
秋には収穫、冬になったら一年の無事に感謝します。

年中行事

1月	1月1日～3日………………	正月
	1月7日…………………	人日／七草の節句
	1月11日…………………	鏡開き
2月	2月3日頃 …………………	節分
3月	3月3日……………………	上巳／桃の節句
	3月～4月…………………	花見
	3月21日頃 ………………	春分の日
	＊前後の3日間ずつ………	春彼岸
4月		
5月	5月5日……………………	端午／菖蒲の節句
6月		
7月	7月7日……………………	七夕／七夕
8月	旧盆8月13～16日…………	お盆
	（新盆7月13～16日）	
9月	9月9日……………………	重陽／菊の節句
	9月23日頃………………	秋分の日
	＊前後の3日間ずつ………	秋彼岸
	9月～10月………………	十五夜
10月	10月……………………	十三夜
11月	11月の酉の日……………	酉の市
12月	12月13日………………	煤払い
	12月22日頃………………	冬至
	12月31日………………	大晦日

●日取りは地方によって多少の違いがあります。

神社の恒例祭と神事

神社では、毎年恒例のお祭りや神事が行われています。
季節や人々の生活に合わせ、神さまに感謝し、祈っているのです。
なかには国民の祝日になっている日もあります。

【神社によって、日取りはさまざま】
・例祭（大祭）…ご祭神とゆかりのある日などに行われる。
・月次祭（小祭）…毎月1日と15日、あるいは
　　　　　　　　　ご祭神とゆかりのある日などに行われる。

1月

1月1日……………歳旦祭（中祭）

1月3日…………元始祭（中祭）

2月

2月3日…………節分祭（神事）

2月11日…………紀元祭（中祭）建国記念の日

2月17日…………祈年祭（大祭）

2月23日…………天長祭（中祭）天皇誕生日

3月

【年越の祓】

【夏越の祓】

4月 ●	4月29日…………	昭和祭（中祭）昭和の日
5月 ●		
6月 ●	6月30日…………	夏越の祓（神事）
7月 ●		
8月 ●		
9月 ●		
10月 ●	10月17日………	神嘗奉祝祭（中祭）
11月 ●	11月3日…………	明治祭（中祭）文化の日
	11月23日………	新嘗祭（大祭）勤労感謝の日
12月 ●	12月31日………	年越の祓（神事）
		除夜祭（小祭）

【新嘗祭】

●大祭（p122）、中祭（p130）、小祭（p103）参照。
●代表的なものを紹介しています。これら以外の恒例祭と神事もあります。

神社の種類

全国にはたくさんの神社があります。多くの神社は、
総本社や総本宮とされる神社からご祭神を分霊しておまつりしています。

● 八幡神社
総本宮：宇佐神宮／大分県宇佐市
おもなご祭神：八幡大神（応神天皇）
関連の神社数：約4万4000社

● 熊野神社
総本宮：熊野三山／和歌山県田辺市ほか
おもなご祭神：熊野三所権現
関連の神社数：約4700社

● 稲荷神社
総本社：伏見稲荷大社／京都市伏見区
おもなご祭神：稲荷大神
関連の神社数：約3万社

● 日吉（山王、日枝）神社
総本宮：日吉大社／滋賀県大津市
おもなご祭神：大己貴神、大山咋神
関連の神社数：約3800社

● 天満宮
総本宮：太宰府天満宮／福岡県太宰府市
　　　　北野天満宮／京都市上京区
おもなご祭神：菅原道真公
関連の神社数：約1万2000社

● 住吉神社
総本社：住吉大社／大阪市住吉区
おもなご祭神：住吉三神
関連の神社数：約2300社

● 諏訪神社
総本社：諏訪大社／長野県諏訪市ほか
おもなご祭神：建御名方神、八坂刀売神
関連の神社数：約1万社

● 愛宕神社
総本社：愛宕神社／京都市右京区
おもなご祭神（若宮）：迦倶槌命
関連の神社数：約900社

● 宗像神社
総本社：宗像大社／福岡県宗像市
おもなご祭神：宗像三女神
関連の神社数：約6200社

● 鹿島神社
総本社：鹿島神宮／茨城県鹿嶋市
おもなご祭神：武甕槌大神
関連の神社数：約600社

● 神明神社
総本社：伊勢神宮内宮／三重県伊勢市
おもなご祭神：天照大御神
関連の神社数：約5000社
（約1万8000社という説もある）

● 香取神社
総本社：香取神宮／千葉県香取市
おもなご祭神：経津主大神
関連の神社数：約400社

おもしろい！
古事記
漫画

『古事記』のなかの代表的な5つの神話、
「国生み」「神生み」
「黄泉の国」「天岩戸」
「因幡の白兎」を
ショートストーリーの漫画でご紹介。
のびのびと活躍する神さまたちは、
とても身近な存在に
感じられます。

【国生み】

天つ神たち

伊邪那岐神と伊邪那美神
漂ったままの国を固めて
国土にしなさい

私たちに
できるかな

できますとも！

伊邪那岐神

伊邪那美神

ふたりは、天浮橋に立ち
天沼矛で海面をかき回した

コオロ
コオロ

天沼矛の
先から滴った
海水が固まって
オノゴロ島が
生まれた

ふたりは
オノゴロ島に
おり立ち
天御柱を
立てた

天御柱を回り
出会った
ところで
結婚しよう

出会ったとき
お互いに声をかけた

なんて
愛おしい男性！

なんて
素敵な女性！

まず
伊邪那美神が言った

最初の子は
あわあわとして
育たなかった

もう一度
やり直しましょう

今度は
伊邪那岐神から
声をかけた

ふたりは国生みを成功させ
ついに国土が完成した

大八島国の誕生！

【神生み】

自然の神も
たくさん
生まれたね

山の神

風の神

石の神

海と河の神

国生みの後、さらに神々を生む

しかし、その後、

伊邪那美神は、火の神、
火之迦具土神を生んだとき
火傷して亡くなってしまう

さようなら……

【黄泉の国】

愛しい人に
会いたい

追いかけてきた
伊邪那岐神

わが妻よ
帰ってきなさい

まだ
ふたりで
やるべき
ことがある

もう黄泉の国の
食べ物を口にして
しまった……
この国の神に
相談します

黄泉の国の伊邪那美神

遅いな……こっそり
のぞいてみよう

見てしまったね！

妻は醜い姿になっていた！

怖くなって逃げる
伊邪那岐神

追いかけてくる
黄泉醜女

やっとの思いで
逃げきった！

愛しい人よ
本当にお別れだ
さようなら

【天岩戸】

須佐之男命の乱暴な振る舞いに
気を落とし天照大御神は
天岩戸にこもった

岩戸の中から、
もう出ません

困ったなあ……

八百万の神々

私に
考えが
ある

思金神

天照大御神のお出ましを願って

天宇受売命が
天岩戸の前で踊り狂った

ドンドコ♪
ドンドン♪
ワハハ

ワッ

コケコー！

高天原が笑いで
揺れる！

どうして
そんなに楽しいの
かしら？

ワハハ
コケコッコー
ドンドン♪

不思議に
思って
岩戸を開ける

天照大御神

天照大御神が
外に出てこられると
明るさと平和が
戻った

コケコ

26

【因幡の白兎】

気多の崎で
泣く兎のところに
大国主神が
やってきた

どうしたの？

わたしは
隠岐島から
ここに来たかった
のです

隠岐

わたしとあなた
どちらの一族の数が
多いか比べない？

おもしろそうだ

海のわにをだまして
海上に並んだわにの背を渡り
この場所まで
渡ろうとした

やーい！
だまさ
れた

キャー！助けて

兎のつぶやきを聞いた
最後のわにに毛皮をはがされる

海水を浴び、
風にあたると
よくなるぞ

大国主神の
兄たちは
毛皮を
はがされた兎に
意地悪をいった

試した兎は痛くて
泣いていたのだ

真水でよく洗い、
蒲の上で寝転がれば
治るよ

大国主神の教えを試し中

元に戻った！
大国主神、
あなたは八上比売に
選ばれるでしょう

兎の話は
的中した！

27

主な神さまの系図

【別天つ神】

【造化三神】
天之御中主神
高御産巣日神
神産巣日神 ── 少名毘古那神
宇摩志阿斯訶備比古遅神
天之常立神

【神世七代】
国之常立神
豊雲野神
宇比地邇神
妹須比智邇神
角杙神
妹活杙神
意富斗能地神
妹大斗乃弁神
於母陀流神
妹阿夜訶志古泥神
伊邪那岐神

建御雷之男神

【住吉三神】
底筒之男命
中筒之男命
上筒之男命

【三貴子】
天照大御神
月読命
須佐之男命

【須佐之男命】

──（略）── 大国主神

櫛名田比売

【伊邪那岐神】

（水蛭子・淡島）

【大八島国】
淡道の穂の狭別島（淡路島）・伊予の二名島（四国）
隠岐の三子島（隠岐島）・筑紫島（九州）
伊伎島（壱岐島）・津島（対馬）
佐度島（佐渡島）・大倭 豊秋津島（本州）

大綿津見神
大山津見神
大気津比売神
火之迦具土神

伊邪那美神

【伊邪那美神】

『古事記』に登場する主な神さまの系図です。
もちろん、ここにのせている以外にも、
たくさんの神さまがいらっしゃいます。
主な神さまの系図を理解すると
『古事記』の世界がより読みやすくなります。

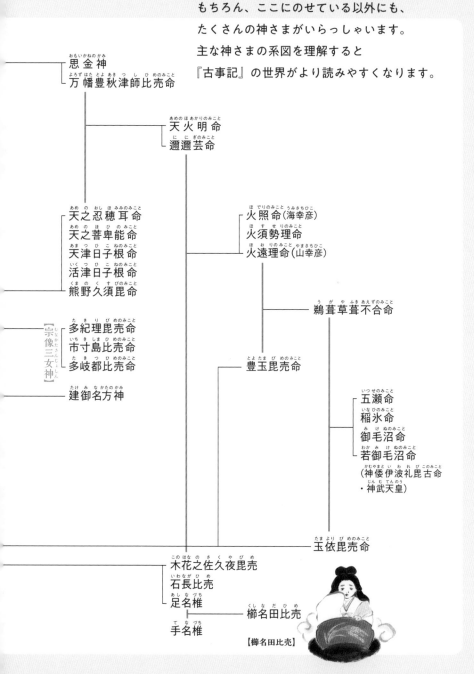

思金神
万幡豊秋津師比売命

天火明命
邇邇芸命

天之忍穂耳命
天之菩卑能命
天津日子根命
活津日子根命
熊野久須毘命

火照命（海幸彦）
火須勢理命
火遠理命（山幸彦）

鵜葺草葺不合命

【宗像三女神】
多紀理毘売命
市寸島比売命
多岐都比売命

建御名方神

豊玉毘売命

五瀬命
稲氷命
御毛沼命
若御毛沼命
（神倭伊波礼毘古命
・神武天皇）

玉依毘売命

木花之佐久夜毘売
石長比売
足名椎

櫛名田比売

手名椎

【櫛名田比売】

29

干支によってご縁の深い神さまが定まっています。
心のお守りとして、自分の守護神を覚えておきましょう。
どんなときでも、あなたを見守ってくださっています。

干支別の守護神

干支	守護神
子（ね）	国之常立神（くにのとこたちのかみ）（神世七代の第一代のひとり神）
丑（うし）	豊雲野神（とよくものののかみ）（神世七代の第二代のひとり神）
寅（とら）	宇比地邇神（うひじにのかみ）（神世七代の第三代の男神）
卯（う）	須比智邇神（すひじにのかみ）（神世七代の第三代の女神）
辰（たつ）	角杙神（つのぐいのかみ）（神世七代の第四代の男神）
巳（み）	活杙神（いくぐいのかみ）（神世七代の第四代の女神）
午（うま）	意富斗能地神（おおとのじのかみ）（神世七代の第五代の男神）
未（ひつじ）	大斗乃弁神（おおとのべのかみ）（神世七代の第五代の女神）
申（さる）	於母陀流神（おもだるのかみ）（神世七代の第六代の男神）
酉（とり）	阿夜訶志古泥神（あやかしこねのかみ）（神世七代の第六代の女神）
戌（いぬ）	伊邪那岐神（いざなぎのかみ）（神世七代の第七代の男神）
亥（い）	伊邪那美神（いざなみのかみ）（神世七代の第七代の女神）

あ

あ 赤心
【あかきこころ】

ウソのない清らかな心のこと。反対の邪心
は黒心。「赤き清き直き心」は、日本人が
古くから大切にしてきたありようで、偽り
のないピュアで素直な心という意味。赤き
は「明き」とも記す。

あんの三筋は
五十鈴川の波

赤福餅
【あかふくもち】

江戸時代からお伊勢参りに欠かせな
い餅菓子。やわらかいお餅の上にこ
し餡をのせたもので、ピンクの和紙
で包まれたお土産用の折箱は、人々
に広く知れ渡る。清い心で自分や他
人の幸せを願う「赤心慶福」の言葉
から名づけられた。白い餅は伊勢神
宮神域を流れる五十鈴川の川底の小
石、餡につけた三筋はその川の清流
を表し、「餅入れさん」と呼ばれる
職人が真心をこめて形づくる。伊勢
参宮街道を移築再現したおかげ横丁
前にある赤福本店は、参拝時間に合
わせて朝5時にオープンする。

秋祭り
【あきまつり】

その年の豊かな収穫と神さまのご加
護に感謝するのが秋祭り。最初に
実った初穂をお供えする。毎年10
月17日に三重県伊勢市に鎮座する
伊勢神宮で執り行われる「神嘗祭」
と全国の神社で執り行われる「神嘗
奉祝祭」、毎年11月23日に全国の
神社で執り行われる「新嘗祭」も収
穫を祝う秋祭り。

収穫に
感謝する
祭り

悪疫退散
【あくえきたいさん】

神社での参拝で、特別なご祈願をする場合のメニューのひとつ。例えば、新型コロナウイルスなどの感染症が一刻も早く収束・終息することや、病気を封じ込めることを願う内容。

浅沓
【あさぐつ】

意外と
歩きやすい

神職が神事の際に着用する、スリッパのようなはきもの。ボリュームのある見た目ほど重くはなく、内側は布張り、足の甲が当たる部分にはクッションのような甲当がつく。長時間の歩行や、走り回るのには不向きだが、それほど歩きにくくはない。

浅野温子
【あさのあつこ】

女優業とともに、平成15（2003）年から『古事記』などを題材とした「浅野温子よみ語りの会」をスタート。伊勢神宮、出雲大社を始めとする全国の神社や祭りの場などを舞台に、「大切にしたい日本人の心」を伝えている。

足名椎、手名椎
【あしなづち、てなづち】

「八俣大蛇」の神話で、八俣大蛇に食べられそうになったところを須佐之男命に助けられ、その後に結婚した櫛名田比売の両親。国つ神で、足名椎は父、手名椎は母。

葦原中国
【あしはらのなかつくに】

『古事記』などでの日本国の名称。天上の世界である高天原と、地下にある死者の世界である黄泉の国の間に存在する、地上の現実世界のこと。国つ神と人間が暮らしている。伊邪那岐神と伊邪那美神が生み出し、大国主神が豊かにするが、天照大御神に譲られ、その孫の邇邇芸命が治めることになる。以降はその子孫にあたる天皇陛下が統治する。

〜昔々の日本〜

愛宕神社
【あたごじんじゃ】

京都市右京区の愛宕山山頂に鎮座する、全国に約900社ある愛宕神社の総本社。「火伏せ・火防せ」の神社として知られ、若宮には火の神である迦倶槌命をおまつりしている。「火廼要慎」と書かれた火伏札や、毎年7月31日夜から8月1日早朝にかけて参拝すると、千日分のご利益があるとされる「千日通夜祭」が有名。

後の祭
【あとのまつり】

祭りが終わった次の日に、神さまにお供えした神饌のおさがりをいただくこと。また、「祭りがすんだ後の山車」から、「手おくれ」という意味の言葉としても用いられる。

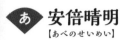

安倍晴明
【あべのせいめい】

厄除け祈願

式神

平安時代の有能な陰陽師。目には見えない式神（鬼神・使役神）を使うのが上手で、屋敷の雑用や儀式の手伝いをさせていた。現代でも安倍晴明公を主人公にした小説や演劇、ゲームなどが人気で、その名はよく知られている。「魔除け」「厄除け」のご利益で名高い京都市上京区に鎮座する晴明神社などにご祭神としてまつられている。

甘酒
【あまざけ】

米
麹

神さまから授かった米を原料につくられる甘酒。『日本書紀』にのる「天甜酒」が甘酒のルーツといわれ、邇邇芸命に嫁いだ美しい女神の木花之佐久夜毘売がつくったとされる。無病息災を願って初詣の参拝客にふるまう神社は多く、また、悪疫退散を祈願して甘酒をかけ合ったり、飲んだりする「甘酒祭」の神事を行う神社もある。

天つ神
【あまつかみ】

『古事記』などでの神さまのうち、高天原にいる神々や、高天原で生まれて葦原中国に天下った神々のこと。天つ神の主宰神（中心になる神さま）は天照大御神。

天つ罪
【あまつつみ】

大祓詞にある罪名。高天原で須佐之男命が犯した農耕を妨害する罪のことで、その種類は畔放、溝埋、樋放、頻蒔、串刺、生剥、逆剥、屎戸の8種類。稲の生長を妨害したり、田んぼを横領したりする。

天津日子根命
【あまつひこねのみこと】

「誓約」の神話で、須佐之男命が天照大御神の「かずら（髪飾り）に巻いた勾玉」をかみ砕いて吹き出し、その霧のような息から生まれた男神。

天津麻羅
【あまつまら】

「天岩戸」の神話で、岩屋に隠れてしまった天照大御神のお出ましを願って鏡をつくった鍛冶屋さん。

天照大御神
【あまてらすおおみかみ】

天つ神の主宰神（中心になる神さま）で、日本人みんなの先祖となる大御祖神。太陽の神。伊邪那岐神が黄泉の国の穢を洗い流した際、左目を洗ったときに誕生した。その後、高天原を治める最高神となる。葦原中国を統治することを決め、天つ神たちに国つ神たちとの交渉を命じる。「天孫降臨」の神話で、孫の邇邇芸命が葦原中国に天下る際に、三種の神器と稲を授けた。

稲を授けよう

三種の神器と

天岩戸
【あまのいわと】

代表的な『古事記』の神話のひとつ。天照大御神は須佐之男命の乱暴な振る舞いに気を落とし、天岩戸という岩屋の中にこもってしまう。高天原も葦原中国も真っ暗になり、万の災いが起こった。困った八百万の神々は一計を案じる。祝詞をあげ、天宇受売命が歌い踊り、神遊びを催していると、そのにぎやかな様子を見ようと、天照大御神は岩戸を少し開けて身を乗り出した。すかさず鏡が差し出され、自分の顔が映っていることを不思議に思ってさらに身を乗り出したところ、力の強い天手力男神が岩戸を開き、天照大御神の手を取って引き出した。すると元のように明るさと平和が戻った。

あ 天浮橋
【あめのうきはし】

天上の世界である高天原と地上の世界をつなぐ橋。伊邪那岐神と伊邪那美神は、この天浮橋の上に立って海水をかき回し、オノゴロ島を生み出した。

天宇受売命
【あめのうずめのみこと】

天岩戸の前では
妖艶な神楽を舞う

「天岩戸」の神話で、胸を出すなどして激しく舞い踊った女神。その様子を見た神々は、歓声をあげた。芸能の神とされる。「天孫降臨」では、邇邇芸命に随行した。その後、猿田毘古神と結婚したといわれる。

天之忍穂耳命
【あめのおしほみみのみこと】

「誓約」の神話で、須佐之男命が天照大御神の「左のみづら（耳の横で8の字の形になるようにくくる古代の髪型）に巻いた勾玉」をかみ砕いて吹き出し、その霧のような息から生まれた男神。

天児屋命
【あめのこやねのみこと】

「天岩戸」の神話で、岩戸の前で祝詞をあげ、また、天照大御神が岩戸を少し開けて身を乗り出したときには、すかさず鏡を差し出した神さま。「天孫降臨」では、邇邇芸命に随行した。

天手力男神
【あめのたぢからおのかみ】

「天岩戸」の神話で、天照大御神が岩戸を少し開けて身を乗り出したとき、すかさず岩戸を開けた力の強い神さま。

天之常立神
【あめのとこたちのかみ】

世界が天と地に分かれて開けたとき、高天原に現れ出た、「別天つ神」の第五代の神さま。しっかりと天がかたまったことを意味する神で、姿を持たない身を隠した神。

天沼矛
【あめのぬぼこ】

伊邪那岐神と伊邪那美神が高天原の神さまから授かった矛。この矛を用いて海水をかき回し、オノゴロ島を生み出した。

天之菩卑能命
【あめのほひのみこと】

「誓約」の神話で、須佐之男命が天照大御神の「右のみづら（耳の横で8の字の形になるようにくくる古代の髪型）に巻いた勾玉」をかみ砕いて吹き出し、その霧のような息から生まれた男神。

天之御中主神
【あめのみなかぬしのかみ】

世界が天と地に分かれて開けたとき、最初に高天原に現れ出た、「別天つ神」の第一代の神さま。「造化三神」のうちの一柱でもある。天の中心をなす神で、姿を持たない身を隠した神。こうした世界の始まりは、『古事記』上巻の最初の段に記されている。

天御柱
【あめのみはしら】

伊邪那岐神と伊邪那美神はオノゴロ島を生み出した後、そこに天下って大きな天御柱を立て、立派な御殿を建てた。そして、伊邪那岐神は天御柱を左から、伊邪那美神は右から回って巡り会い、結婚した。

37

八俣大蛇の尾から出てきた

天叢雲剣
【あめのむらくものつるぎ】

三種の神器のひとつ。『日本書紀』では、初めは天叢雲剣と言い、日本武尊が東国の平定に出かける際、叔母の倭姫命から授かった後に「草薙剣」の名称になったと記される。

荒振神
【あらぶるかみ】

高天原の神々に従わない神々や、災害や病などの災いを起こして人々を苦しめる神々のこと。倭建命は東国の荒振神たちを平定したヒーロー。その後、結婚して落ち着くが、伊吹山の荒振神を討ち取りに行くとき、常に携帯していた草薙剣を持たず、素手で倒そうとする。伊吹山で白い猪を見つけるが、「きっと荒振神の使者だろう。今は相手にする必要はない」と言うと、実は荒振神そのものであった白い猪は怒って、大雨やあられを降らせ、倭建命は気を失い、その後に亡くなってしまう。

倭建命

伊吹山

山の神

荒魂
【あらみたま】

神さまには、自然災害や病気などを起こす、荒々しくておそろしい「荒魂」と、自然の恵みや安定を与える、穏やかで親しみのある「和魂」の、マイナスとプラスの2つの側面があるとされる。

蟻の熊野詣
【ありのくまのもうで】

熊野三山に参詣することを熊野詣と呼び、上皇や法皇など位の高い人から一般庶民まで、大勢の人々が熊野詣に夢中になった。まるで蟻の行列のような人出だったので、この呼び名がついた。

淡島
【あわしま】

「国生み」の神話で、伊邪那岐神と伊邪那美神が最初に生んだ水蛭子の次に生まれた島。あわあわとした淡い島だったので、水蛭子と同じように、子どもの仲間には入らない。

国生み 初成功!!

淡路島
【あわじしま】

兵庫県に属し、島内は淡路市、洲本市、南あわじ市に区分される。「国生み」の神話で、伊邪那岐神と伊邪那美神が最初に生んだ「淡道の穂の狭別島」で、大八島国のひとつ。

壱岐島
【いきのしま】

長崎県壱岐市に属し、玄界灘に浮かぶ離島。島内には150社以上の神社がある。「国生み」の神話で、伊邪那岐神と伊邪那美神が生んだ「伊伎島」で、大八島国のひとつ。

活津日子根命
【いくつひこねのみこと】

「誓約」の神話で、須佐之男命が天照大御神の「左の手に巻きつけていた勾玉」をかみ砕いて吹き出し、その霧のような息から生まれた男神。

い

イザナミ…

三貴子の父

伊邪那岐神
【いざなぎのかみ】

「神世七代」の最後の男神。伊邪那美神とともにオノゴロ島を生み、そこで結婚。「国生み」や「神生み」でたくさんの子をもうけた。伊邪那美神の死後に黄泉の国へと出かけ、その穢を祓う禊によって、天照大御神、月読命、須佐之男命が誕生した。

伊邪那美神
【いざなみのかみ】

「神世七代」の最後の女神。伊邪那岐神と結婚してたくさんの子をもうけたが、火の神である火之迦具土神を産んだときに火傷をし、その後に亡くなる。黄泉の国で、腐った自分の姿を伊邪那岐神にのぞき見され、大いに怒って争った。

あなにやしえおとこを

日本の生みの母

伊斯許理度売命
【いしこりどめのみこと】

「天岩戸」の神話で、岩屋に隠れてしまった天照大御神のお出ましを願って鏡をつくった神さま。「天孫降臨」では、邇邇芸命に随行した。

伊須気余理比売
【いすけよりひめ】

初代神武天皇の皇后。ほかの乙女たちと遊んでいる麗しい姿を神武天皇に見そめられ、結婚を申し込まれた。父は神さまで、母は美しい女性だったとされるが、諸説あり。

五十鈴川
【いすずがわ】

三重県伊勢市を流れる一級河川。伊勢神宮の内宮の西端を流れ、ほとりには澄んだ川の流れで参拝者がお清めをする御手洗場がある。御手洗場に敷き詰められた美しい石畳は、江戸幕府の第5代将軍徳川綱吉の生母、桂昌院が寄進したとされる。

いすゞ自動車
【いすゞじどうしゃ】

主にトラックやバスなどを製造する自動車メーカーで、社名は伊勢神宮の内宮の西端を流れる五十鈴川にちなむ。旧社章はせきたい流という書体で書かれた「いすゞ」を12のさざなみで囲んだもの。踊り字（同じひらがなを重ねるとき、下の字を略す際に用いる符号）の「ゞ」の文字が、五十鈴川の清らかな流れのようだ。

出雲大社
【いずもたいしゃ】

島根県出雲市に鎮座する、出雲信仰の中心地。正確には「いづもおおやしろ」と称する。ご祭神は大国主大神。日本神話では、葦原中国の国づくりという大仕事を成し遂げた後、天照大御神に国を譲って、目に見えない世界を治める。感激した天照大御神は高天原の神々に命じ、大国主神のために壮大な天日隅宮を建て、それが現在の出雲大社。2拝4拍手1拝の作法でお参りする。

い 出雲阿国
【いずものおくに】

安土桃山時代から江戸時代にかけて、出雲大社の巫女として「かぶき踊り」をつくり、人気者になった女性の芸能者。男装した阿国の踊りに世間は熱中し、常識外のことをする「かぶきもの」として注目される。現在の歌舞伎の基になったといわれる。

伊勢講
【いせこう】

誰もが憧れた三重県伊勢市に鎮座する伊勢神宮への参拝。しかし、遠い地方の人たちは、そう気軽には出かけられない。そこで集落の仲間で伊勢講というグループをつくってお金を積み立て、くじなどで決めた代表者がお伊勢参りに行くという仕組みを考え出した。代表者はほかの人の分のお祓いも受け、楽しいみやげ話とともに帰路についた。

伊勢神宮の斎王
【いせじんぐうのさいおう】

三重県伊勢市に鎮座する伊勢神宮の天照大御神に仕えた未婚の皇族女性。古代から南北朝時代までの約660年の間に、60人以上の斎王がいたという。斎宮と呼ばれる住まいで祈りを捧げる日々を過ごしていた。平安時代の歌物語『伊勢物語』には、恋を禁じられた斎王の悲恋が描かれている。

市寸島比売命
【いちきしまひめのみこと】

「誓約」の神話で、天照大御神が須佐之男命の腰につけた剣を三段に折り、水をふりそそいだ後、かみ砕いて吹き出し、その霧のような息から生まれた女神。宗像三女神として、福岡県宗像市に鎮座する宗像大社などにご祭神としてまつられている。

一宮
【いちのみや】

平安時代に生まれた神社の社格制度で、その土地の中でもっとも伝統と格式の高い神社のこと。昔は、各地域をひとつの「国（現代の都道府県のようなもの）」と呼び、その各国を単位にして、一番地位の高い神社が一宮、次に二宮、三宮と続く。茨城県鹿嶋市に鎮座する鹿島神宮、石川県白山市に鎮座する白山比咩神社、鹿児島県霧島市に鎮座する鹿児島神宮など。

一富士二鷹三茄子
【いちふじにたかさんなすび】

初夢に見ると縁起がいいとされる一富士二鷹三茄子。一富士は東京都文京区に鎮座する駒込富士神社、二鷹はこの神社の近辺に

あった鷹匠屋敷、三茄子は駒込名産の茄子のことだったと伝えられる。

一陽来復
【いちようらいふく】

少しずつ昼が長くなる

冬至

昼の時間がもっとも短く、夜の時間がもっとも長くなる「冬至」を境に、少しずつ昼が長くなって陽気が増すこと。悪い運気が続いた後に幸せが巡ってくるという意味もある。金運上昇を願って、一陽来復の特別なお神札やお守りを授ける神社もある。

一粒万倍日
【いちりゅうまんばいび】

古くから伝わる選日のひとつ。一粒の籾が万倍にも増えて実るという意味で、何か新しいことを始めるのに最適な大吉日。年間で60日ほどある。神社に足を運んで参拝するのもおすすめ。

厳島神社の内侍
【いつくしまじんじゃのないし】

広島県廿日市市に鎮座する厳島神社では、巫女のことを内侍と呼んでいた。

一社造り
【いっしゃづくり】

神棚（宮形）の種類のひとつで、お神札を納める社が1つのコンパクトなタイプ。お神札は手前から神宮大麻、氏神神社、崇敬神社の順に重ねて納める。それ以外の神社に参拝した際に受けたお神札は、さらに後ろに重ねる。

氏神神社
崇敬神社
天照皇大神宮

一升もち
【いっしょうもち】

赤ちゃんの満1歳の誕生日に、一生食べものに困らないようにと願って行う人生儀礼。一升の米（約1.8kg）でつくった餅を赤ちゃんに背負わせ、これまでの無事に感謝し、一生の健やかな成長と幸せを願う。一升には「一生」の意味がある。

立っても吉　転んでも吉

祝1年

一寸法師
【いっすんぼうし】

日本のおとぎ話のひとつ。子どものいない老夫婦が大阪市住吉区に鎮座する住吉大社の神さまに祈ると、子どもを授かった。生まれた子は身長が一寸（約3cm）だったので、一寸法師と名づけられた。ある日、一寸法師は京に行きたいと言い出し、お椀を舟に、箸をオールに、針を刀のかわりにして旅立つ。

娘をさらいに来た鬼を退治し、その鬼が落とした打出小槌を振ると体が大きくなり、後にその娘と結婚して幸せに暮らしたという物語。モデルは、大国主神（おおくにぬしのかみ）とともに国づくりをした少名毘古那神（すくなびこなのかみ）とされる。

少名毘古那神

五瀬命
【いつせのみこと】

初代神武天皇の兄。「神武東征（じんむとうせい）」の神話では、神武天皇とともに、平和な国をつくるため、日向（ひむか）（現在の宮崎県）から東に向けて平定の旅へと出かける。青雲の白肩の津（あおくものしらかたのつ）（現在の大阪湾沿岸）に到着したとき、矢を受けて負傷。傷が悪化し、紀国（きのくに）（現在の和歌山県）で命を落とす。

一般の参拝
【いっぱんのさんぱい】

神社への参拝には、「一般の参拝（社頭参拝（しゃとうさんぱい））」と「正式（祈願含）参拝」があり、初詣、お朔日参り（ついたちまいり）や十五日参りなどが一般の参拝。手水舎（てみずしゃ）で心身を清めた後、拝殿前（はいでんまえ）で賽銭箱に賽銭を入れ、2拝2拍手1拝（はいはくしゅはい）をして神さまにお参りする。

稲魂
【いなだま】

稲の中に宿るご神霊。お米を食べることは、稲魂という神さまの力を体内に宿すことでもある。祓や清めの目的で、ご神前に命の源である米を打ちまいたり、供えたりする「散米（さんまい）」や「おひねり」は、ご神霊である稲魂が備わっているからこその儀式。近年では、お米にかわって、金銭をお供えする「賽銭（さいせん）」になった。

因幡の白兎
【いなばのしろうさぎ】

代表的な『古事記』の神話のひとつ。大穴牟遅神（大国主神）は気多の崎（現在の鳥取県）で泣いている兎を見つけた。その兎は隠岐の島からここに来ようと思ったが、渡る手段がないので、海の鮫をだましていた。「一族の数を比べよう」と誘い、鮫は仲間を集めて海に並び、兎はその上を走りながら数えて渡ったのだ。陸地に下りるとき、兎が「だまされたな」とつぶやくと、最後の鮫に捕えられて毛皮をはがれてしまう。泣いていたら、大穴牟遅神の兄たちが通りかかり、アドバイスするが、それは戯言。兎はさらに傷ついてしまった。その後

に通りがかった大穴牟遅神は「今すぐ水で体を洗い、蒲の穂を敷いた上を転がれば、必ず癒えるだろう」と教えた。やってみたら、兎の体はたちまち回復した。

いなり寿司
【いなりずし】

2月最初の午の日は「初午」と呼ばれ、稲荷大神が稲荷山に鎮座した最吉日。この日、稲荷大神をご祭神としておまつりする稲荷神社の眷属である狐の大好物、油揚げを使ったいなり寿司を食べて、家内安全や商売繁昌を祈る俗習がある。いなり寿司の味や形は、地方によって異なる。関東では甘じょっぱい俵型、関西はだしの味の三角が一般的。

関西

関東

猪
【いのしし】

和気清麻呂

傷が治っておる！

和気清麻呂公の眷属とされる。奈良時代から平安時代初期の貴族、和気清麻呂公は、道鏡の陰謀を阻止したために大隅国（現在の鹿児島県）へ流される途中、大分県宇佐市に鎮座する宇佐神宮に立ち寄ることにした。しかし、道中で刺客に足の腱を切られ、立つこともできない。すると、300頭もの猪が現れ、乗っていた輿を取り囲み、宇佐神宮まで案内した。その後、足の傷はすっかり治っていたという。

気吹戸主神
【いぶきどぬしのかみ】

大祓詞に登場する、あらゆる罪穢を祓ってくれる祓戸四神の一柱。海原に強風を起こして罪穢を吹き払う。

忌み
【いみ】

罪穢に触れないように身を慎み、また、心身を清めて罪穢を取り除くこと。

忌詞
【いみことば】

縁起が悪いなどの理由で忌み嫌われ、使うことを慎む言葉のこと。かわりに特別な言葉を用いて表現する。例えば、スルメは「アタリメ」と言うが、これは「スル」が「お金をする」といった失敗に通じて縁起が悪いので、縁起のよさを連想させる「アタリ」に言いかえている。

磐座
【いわくら】

古来、神さまは目に見えないものと信じられており、大きな岩を依代にしてやってくると考えられていた。磐座は神さまが宿る岩のこと。岩のまわりには注連縄が巻かれたり、小さい石などで囲まれたりして、俗界と区別されていることが多い。

石清水八幡宮
【いわしみずはちまんぐう】

京都府八幡市の男山山頂に鎮座する、日本三大八幡宮のひとつ。平安時代、大分県宇佐市に鎮座する宇佐神宮から勧請された。都の裏鬼門（南西）を守る神社であり、また、源氏が一族の守護神としてあがめた。「国家鎮護」「厄除開運」「必勝」などのご利益がある。1月19日の「厄除大祭」は有名で、期間限定授与の「厄除大祭札」のお神札がお頒ちされ、神火にて前年の古いお神札やお守りを焚き上げながら清めた「厄除餅」が先着順にふるまわれる。

岩田帯
【いわたおび】

安産祈願の人生儀礼「帯祝い／着帯の祝い」で締める、さらしの腹帯のこと。語源は災いや穢れから身を守る「斎肌帯」。帯祝いをする妊娠5か月目は、大きくなったおなかが前に突き出てくる頃で、岩田帯を締めておなかや腰を支えたりする。

半分の幅に折り輪の部分を

下にして巻く

う

石長比売
【いわながひめ】

ひどい…

花の命は短いのに

「天孫降臨」の神話で、妹の木花之佐久夜毘売と一緒に邇邇芸命に嫁ぐが、とても醜かったので、父の大山津見神のところに送り返された。怒った大山津見神は、「岩のような永遠の寿命になるようにと石長比売を差し上げたのに、返したことであなたの子孫の寿命は限られたものになるだろう」と邇邇芸命に告げた。

陰神
【いんしん】

女性の神さまのこと。『日本書紀』に登場する神さまの呼び方で、『古事記』の中には登場しない。男性の神さまのことは、「陽神」という。

鵜葺草葺不合命
【うがやふきあえずのみこと】

「鵜葺草葺不合命の誕生」の神話で、火遠理命（山幸彦）と海神の娘である豊玉毘売命の間に誕生する。産屋の屋根を葺き終わらないうちに生まれたので、この名前がついた。豊玉毘売命から、「出産中、ご覧にならないで」と言われたのにもかかわらず、火遠理命はのぞき見をして、妻が大きな鮫になって出産している姿を目にして驚き、逃げてしまう。豊玉毘売命は「恥ずかしい」と言って海の国に帰ってしまったので、その妹である玉依毘売命に育てられる。その後、玉依毘売命と結婚。初代神武天皇は、ふたりの間に誕生した子である。

う 誓約
【うけい】

ご神意を占う方法。ある事柄について、あらかじめ決めごとを宣言して、起きた結果で占う。高天原にやってきた須佐之男命は、「高天原を奪うつもりはないこと」を天照大御神に証明するため、お互いに子をもけるという誓約をし、勝利する。

兎
【うさぎ】

眷属であり、古くから縁起のいい動物と思われていた。「因幡の白兎」の神話で、大国主神が兎を助けたことで縁が結ばれ、大国主神の眷属となった。大国主大神がまつられる島根県出雲市に鎮座する出雲大社の境内には、50羽近い兎の像がある。

宇佐神宮
【うさじんぐう】

大分県宇佐市に鎮座する、全国に約4万4000社ある八幡社の総本宮。八幡社とは、主祭神の第15代応神天皇のほか、応神天皇の母である神功皇后、比売大神をおまつりしている神社のこと。宇佐神宮には「厄除開運」「家内安全」「交通安全」「必勝」など総合的なご利益があり、2拝4拍手1拝の作法でお参りする。

牛
【うし】

菅原道真公の眷属とされる。菅原道真公の生まれた年と没した年がともに丑年で、さらに、亡骸をのせた車を引く牛が座り込んだ場所を墓所にしたなどの理由による。また、牛そのものが信仰の対象でもあり、身体の具合のよくないところをなでた後、神社の境内に置かれた牛の座像の同じところをなでると体調がよくなるという「なで牛」の俗信も有名。

氏神さま
【うじがみさま】

自分が暮らす地域を守っている神社（ご祭神）のことで、最も身近で大切な存在。もともと氏神さまとは、同じ氏族の人たちが一緒におまつりしていた祖神や守護神のことだったが、故郷を離れて都市に移り住むなど、さまざまな暮らしの変化に伴って、多様化した。

暮らしている土地の神さまです

氏子　氏神さま

氏子
【うじこ】

氏神さまが鎮座する周辺の地域で暮らしている人をその神社の氏子と呼ぶ。引っ越しをしたら、新しく住む場所にある神社の氏子となる。各都道府県の神社庁に問い合わせると、自分はどの神社の氏子なのか教えてもらえる。

宇治橋
【うじばし】

三重県伊勢市に鎮座する伊勢神宮の内宮と日常の俗世界を結ぶ橋。五十鈴川にかかり、橋の内と外には大鳥居が立つ。欄干の上には16基の擬宝珠が据えられ、橋の安全を祈願して、左側2番目の中に、宇治橋の守護神である饗土橋姫神社のお神札「萬度麻」が納められている。宇治橋は右側通行なので、参拝後にその擬宝珠に触れてパワーをいただく。

鷽
【うそ】

スズメ目のかわいらしい鳥で、菅原道真公の眷属とされる。菅原道真公をご祭神とする天満宮では、毎年1月7日に「鷽替え神事」というユニークな神事が行われる。鷽の木彫りを参拝者同士で交換したり、新しいものに取り替えたりすることで、これまでの悪いことをウソにしてよいことに、これまでの凶をウソにして大吉に替え、今年も幸せに過ごせるように祈る。

う 歌占
【うたうら】

現代のおみくじにも「和歌」が記されているが、室町時代から江戸時代にかけては、和歌でご神意を判断する歌占という占いが人気だった。能の演目『歌占』では、よく当たると評判の歌占を行いながら諸国をめぐる主人公（シテ）の物語が描かれている。

御嶽
【うたき】

琉球神道で、神さまと人が交流する聖域。一般的には、うっそうと樹木がしげっているところで、そこに神さまが宿るとされる。

鰻
【うなぎ】

食べないで

山の神である大山津見神の眷属とされる。大山津見神は全国に約400社ある三嶋神社にご祭神としてまつられ、三嶋神社の中には、「安産」「子授け」などのご利益がある鰻が描かれたお守りや絵馬、土鈴をお頒ちしているところもある。

海原
【うなばら】

『古事記』などに登場する海の中の世界のこと。伊邪那岐神は、禊祓によって誕生した須佐之男命に、「海原を治めなさい」と委任する。しかし、須佐之男命はその命令に従わず、「死んでしまった母の伊邪那美神に会いたい」と泣いてばかりいたので、やがて根之堅洲国に追放されてしまう。

宇比地邇神、妹須比智邇神
【うひじにのかみ、いもすひじにのかみ】

「神世七代」の第三代の神さま。一緒に現れ出た男女の土の神さまで、二神で一代と数える。

産土さま
【うぶすなさま】

自分が生まれた土地の守護神のことで、引っ越ししても、生涯を通じてずっと身守ってくれるありがたい神さま。産土さまが鎮座する周辺の地域で暮らしている人を、その神社の産子と呼ぶ。赤ちゃんの誕生後1か月目にお参りする初宮詣は、「産土参り」と呼ばれたりもする。

生まれた土地の神さま

馬
【うま】

神さまの乗りもの

眷属であり、また、神さまの乗りものとされる。願いごとを叶えるとき、神さまは馬に乗ってやってくると信じられたため、ご祈願の際に馬を奉納するようになった。雨をお願いする場合は黒毛の馬、晴れをお願いする場合は白毛の馬を奉納すべし、と古い文献に記されている。しかし、馬はとても貴重な動物で、世話にも労力がかかるので、次第に生きた馬から木彫りや銅製の馬像などにかわり、やがて現在のような絵馬のスタイルが定着した。

宇摩志阿斯
訶備比古遲神
【うましあしかびひこじのかみ】

世界が天と地に分かれて開けたとき、高天原に現れ出た、「別天つ神」の第四代の神さま。姿を持たない身を隠した神。

海幸彦
【うみさちひこ】

邇邇芸命と木花之佐久夜毘売の間に生まれた火照命の別名。「海幸彦と山幸彦」の神話では、漁師の海幸彦は、猟師である弟の山幸彦にせがまれて、互いの大切な道具である釣針と弓矢を交換して仕事をするが、釣針をなくされてしまう。弟が十拳剣で1000個の釣針をつくって謝っても、海幸彦は許さなかった。弟は神さまの力をかりて釣針を探し出し、無事に返すが、以来、海幸彦は次第に貧しくなってしまう。そし

て最後には、弟に頭を下げて「これからはあなたをお守りする」と誓った。

梅ヶ枝餅
【うめがえもち】

二十五日はヨモギ味も

福岡県太宰府市に鎮座する太宰府天満宮ゆかりの名物。参道には販売店がずらりと軒を連ねる。薄い餅生地で餡を包んで焼いた餅菓子で、生地の中心には神紋の梅の刻印が入る。菅原道真公の誕生日と命日がともに25日なので、毎月25日の「天神さまの日」には、よもぎ入り梅ヶ枝餅を特別に販売。梅ヶ枝餅を扱う店舗は「梅ヶ枝餅協同組合」に加入している。

う

天地の
神にぞ祈る
朝なぎの
海のごとくに
波たたぬ世を

昭和天皇　御製

浦安の舞
【うらやすのまい】

巫女神楽のひとつで、一人舞、二人舞、四人舞で舞われる。前半は
檜扇を使う扇舞、後半は鉾鈴を使う鈴舞で、計10分程度。昭和15
（1940）年、初代神武天皇の即位紀元2600年を祝う「紀元
二千六百年奉祝会」のためにつくられた、平和を祈る舞。奉祝会
当日の午前10時に全国の神社で一斉に奉奏された。以来、各神社
に受け継がれている。

上筒之男命
【うわつつのおのみこと】

「禊祓と三貴子」の神話で、死者の世界で
ある黄泉の国から戻ってきた伊邪那岐神が
中の瀬の「水の上」で禊をしたときに生ま
れた神さま。「住吉三神」の一柱で、大阪
市住吉区に鎮座する住吉大社などにご祭神
としてまつられている。

干支土鈴
【えとどれい】

十二支の姿を粘土でかたどって焼き、絵つけしてつくる素朴な鈴。土のぬくもりがあり、やさしく振るとカラコロと穏やかな音を響かせる。魔除けになる縁起物として愛されている。

恵比寿天
【えびすてん】

七福神の一柱で、唯一の日本の神さま。左手に鯛を抱え、右手に釣竿を持った親しみやすい姿で、「大漁」「商売繁昌」の神さまとして人気。伊邪那岐神と伊邪那美神が最初に生んだ水蛭子は海に流されたが、漂着先の人によって手厚くまつられ、それが恵比寿天信仰の始まりともいわれる。

えびす
→
水蛭子

恵方参り
【えほうまいり】

1月1日、自宅から「恵方」の方角にある神社に参拝して、今年も無事に過ごせるようにお祈りする古くからの風習。恵方とは、その年の福を司る歳徳神がいる方角のことで、年によって変わる。節分に恵方を向いて食べる恵方巻きの、恵方と同じ。

烏帽子
【えぼし】

神職が神事の際に着用する、コック帽のような烏羽色のかぶりもの。あごの下でひもを結んで留める。一般的には和紙、紗、羅、絹、麻などの布を袋の形にし、下地に柿渋を塗り、漆で色をつけてつくる。もともとは元服した男子のかぶりものだった。

え

絵馬
【えま】

お願いごとをするときや、その願いが叶ったお礼として、神社に奉納する。今では馬や干支など、さまざまな絵柄が描かれた木製の絵馬に、祈願や感謝の言葉を書き添えるのが一般的。昔は生きた馬、木彫りや銅製の馬像などを奉納していたので、絵馬と呼ばれる。

縁起熊手
【えんぎくまで】

金運や福運をかき集めるといわれる縁起物で、熊手に「指物」と呼ばれる華やかな飾りがつく。代表的な指物は、お多福とも呼ばれるおかめの面、千両箱、七福神、鶴や亀、鯛、招き猫、松竹梅、宝船など。毎年11月の「酉の日」に各地の鷲神社などで行われる「酉の市」では、縁起熊手を商う露店が立ち並んで、とてもにぎやか。

延年転寿
【えんねんてんじゅ】

神社での参拝で、特別なご祈願をする場合のメニューのひとつ。この先もますます長生きすることや、平穏無事に長寿を保つことを願う内容。

お伊勢参り
【おいせまいり】

庶民にもゆとりが生まれてきた江戸時代、「一生に一度は行きたい」と大ブームになったのが、三重県伊勢市に鎮座する伊勢神宮への参拝、お伊勢参り。弥次喜多道中でおなじみの『東海道中膝栗毛』には、弥次さん喜多さんのお伊勢参りがおもしろおかしく描かれていて、当時の大ベストセラーになった。今でもお伊勢参りの人気は継続中で、平成25（2013）年の式年遷宮の年には、1300万人以上の参拝客が訪れた。その次の式年遷宮は令和15（2033）年。

伊勢神宮の内宮の鳥居前町「おはらい町」と、その一角にある江戸時代から明治時代にかけての町並みを再現した「おかげ横丁」も大人気。

扇
【おうぎ】

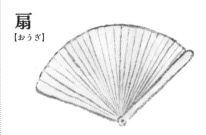

神事の際、神職が威儀を整えるために手に持ったり、懐の中に入れたりする「檜扇」は、ヒノキの薄い板を重ねて綴じたもの。女性の神職の場合、竹の骨に紙をはった「雪洞」と呼ばれる扇を持つこともある。また、巫女神楽の「浦安の舞」で用いる舞用の檜扇には、麗しい吉祥文様が描かれ、両サイドからは五色の長い糸が垂れている。

狼
【おおかみ】

眷属であり、また、不思議な力を持つ聖獣とされる。埼玉県秩父地方の神社を中心に、「大口真神」という神の名で呼ばれ、「厄除け」「火事除け」「泥棒除け」などのご利益がある狼が描かれたお神札やお守りがお頒ちされている。

55

真水で体を洗って…

大国主神
【おおくにぬしのかみ】

国つ神の主宰神（中心になる神さま）。須佐之男命と櫛名田比売から六代目に誕生した神さま。「因幡の白兎」の神話では兎を助け、「須佐之男命の試練」では須佐之男命から受けた虫攻めや火攻めを乗り越える。「国づくり」では、少名毘古那神とともに葦原 中国をしっかりとつくり固める。その後の「国譲り」では、天照大御神の孫の邇邇芸命に国を譲った。いろいろな女神との間にたくさんの子どもを授かり、また、多くの別名を持つ。

大気津比売神
【おおげつひめのかみ】

『古事記』などに登場する女神。高天原を追放された須佐之男命が大気津比売神に食べものを求めると、鼻や口、尻からおいしい食べものを取り出し、それを料理してくれた。その様子をこっそり見ていた須佐之男命は、「汚い物を食べさせた」と怒り、殺してしまう。すると、大気津比売神の頭から蚕、目から稲、耳から粟、鼻から小豆、陰部から麦、尻から大豆が生まれた。これを神産巣日神が集め、食べものの種とした。

稲　粟　麦　蚕　小豆　大豆

大事忍男神
【おおことおしおのかみ】

「神生み」の神話で、伊邪那岐神と伊邪那美神が国生みという大仕事を終えた後、最初に生んだ神さま。大事をなす、とても力強い神さまとされる。

意富斗能地神、妹大斗乃弁神
【おおとのじのかみ、いもおおとのべのかみ】

「神世七代」の第五代の神さま。一緒に現れ出た男女の陰部の神で、二神で一代と数える。

お

大穴牟遅神
【おおなむじのかみ】

大国主神（p56）の別名。この名前以外にも多くの別名があり、ご神徳の広さがうかがえる。

大麻
【おおぬさ】

神社の祭礼で、お供えするものや参列者の罪穢を祓い清めるために用いる神具。六角や八角の白木の棒に紙垂をつけたもの、また、榊に紙垂をつけたものが使われる。

太安万侶
【おおのやすまろ】

奈良時代の貴族で『古事記』の編者。稗田阿礼が覚えた内容を書き取らせ、上巻、中巻、下巻の古事記を完成させた。序文には、日本の大和言葉を中国の漢字で綴るのに苦労したことが記されている。

大祓詞
【おおはらえのことば】

毎年6月と12月の末日に行われる罪穢を祓う行事「夏越の祓」と「年越の祓」の際、神さまに奏上する祝詞。大祓式のときに限らず、日々の暮らしの中で唱えるのもおすすめ。全文は綴じ込み付録に掲載。

大福梅
【おおふくうめ】

京のお正月のいっぷく

京都市上京区に鎮座する北野天満宮で、毎年、事始めの12月13日からお頒ちされる、境内の梅を塩漬けしてカラカラになるまで干した大福梅。お正月、最初に飲むお茶か白湯に入れていただき、今年の無病息災を祈る。境内というご神域で実った梅にはご神徳が宿り、縁起物としても人気がある。

大御祖神
【おおみおやがみ】

日本人みんなの先祖となる神、天照大御神のこと。いつも私たちのことを見守ってくださっている。

大御心
【おおみごころ】

天皇陛下の御心という意味。また、東京都渋谷区に鎮座する明治神宮で出されるおみくじの名称としても知られる。一般的な吉凶のおみくじではなく、ご祭神である明治天皇の御製15首と昭憲皇太后の御歌15首に、分かりやすい解説文を記した独自のスタイル。30首は人倫道徳の指針となる教訓的な内容である。

大八島国
【おおやしまぐに】

「国生み」の神話で、伊邪那岐神と伊邪那美神が生んだ8つの島。現在の淡路島（淡道の穂の狭別島）、四国（伊予の二名島）、隠岐島（隠岐の三子島）、九州（筑紫島）、壱岐島（伊伎島）、対馬（津島）、佐渡島（佐度島）、本州（大倭豊秋津島）。日本の国の古い呼び名でもある。

大山津見神
【おおやまつみのかみ】

「神生み」の神話で、伊邪那岐神と伊邪那美神の間に生まれた、山の神。

大斎原
【おおゆのはら】

和歌山県田辺市に鎮座する熊野本宮大社の旧社地。明治22（1889）年の大水害で多くの社殿が流される前まで、この大斎原と呼ばれる広大な中洲に熊野本宮大社は鎮座していた。江戸時代まで橋がなく、参拝者は川で身を清めながら歩いて渡った。現在、大斎原には日本一大きい鳥居が立ち、大鳥居をくぐった参道の先には、二基の石祠が建てられている。

大綿津見神
【おおわたつみのかみ】

「神生み」の神話で、伊邪那岐
神と伊邪那美神の間に生まれた、
海の神。

神宮は
こっちだぜ

おかげ参りとおかげ犬
【おかげまいりとおかげいぬ】

おかげ参りとは、江戸時代に大ブームと
なった、三重県伊勢市に鎮座する伊勢神宮
への集団参拝のこと。およそ60年のサイ
クルで、日本各地から数百万人が押し寄せ
た。ご神意や沿道の人たちのおもてなしの
おかげでお参りができたことから、おかげ
参りと呼ばれる。伊勢まで行けないご主人
に代わって伊勢まで出かけたのが、おかげ
犬。首元には注連縄やお金を入れた袋を巻
きつけ、たくさんの人たちに支えられなが
ら旅をした。無事に到着したらお神札を授
かり、ご主人の元に帰っていったという。

隠岐島
【おきのしま】

島根県隠岐郡に属する島々。「国生み」の
神話で、伊邪那岐神と伊邪那美神が生んだ
「隠岐の三子島」で、大八島国のひとつ。

沖ノ島
【おきのしま】

福岡県宗像市に属し、玄界灘に浮かぶ周囲4kmの島。宗像大社のご神体島で、
島全体が宗像大社の三宮のひとつ「沖津宮」の境内になる。神職ひとりだけが勤
務するこの島は神職以外立ち入り禁止。上陸するときは全裸になって海中で禊を
し、また、島内で見聞きしたことを口外しない「不言様」というしきたりや、一
木一草一石たりとも持ち出してはいけないなどの厳しい禁忌が今なお残る。

お おお木曳き
【おきひき】

三重県伊勢市に鎮座する伊勢神宮で、20年に一度の式年遷宮の際に使うご用材を、7年前と6年前の2年に渡って曳き入れる行事。旧神領民（伊勢の住民）と特別神領民（全国の崇敬者）が参加し、伊勢の街は活気に満ちあふれる。内宮では五十鈴川での「川曳き」、外宮では陸路での「陸曳き」を行う。

お浄めコスメ
【おきよめこすめ】

お参りするのが何よりも好きな、感謝の気持ちを大切にするきれいで聡明な、誰からも愛される方のためのお浄めコスメ「おいせさん」。「ココロとカラダの浄化（デトックス）」をテーマに、「あぶらとり神紙」「風呂神玉」「お浄め塩スプレー」など、日本製にこだわった天然由来の上質な素材を用いた商品を揃えている。

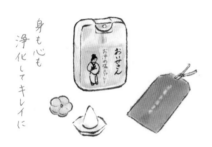

お食い初め
【おくいぞめ】

赤ちゃんの誕生後100~120日目に、一生食べものに困らないようにと願って行う人生儀礼。尾頭つきの鯛やお赤飯など縁起のいい祝い膳を用意して、お箸を使って赤ちゃんに食べさせるまねをする。ちょうど乳歯が生え始める時期で、歯が生えるまですくすくと育ったことに感謝し、これからの健やかな成長を祈る。

折敷
【おしき】

ヒノキなどの薄い素木(しらき)に縁をつけ、四角形の角の先を落とした盆。下に胴がつくと三方(ぼう)になる。神さまにお供えする神饌、神具(水玉(みずたま)、瓶子(へいし)、平瓫(ひらか))、鏡餅などをのせるために用いる。最近は、市松文様や麻の葉文様といった縁起のいい文様入りもある。

お七夜
【おしちや】

赤ちゃんの誕生後7日目に、それまでの無事に感謝し、これからの健やかな成長を願って行う人生儀礼。家の神棚に赤ちゃんの名前を書いた命名紙をはって、家族や親せきと一緒に、尾頭つきの鯛やお赤飯など縁起のいい祝い膳を囲む。

お白石持ち
【おしらいしもち】

三重県伊勢市に鎮座する伊勢神宮で、20年に一度の式年遷宮(しきねんせんぐう)の際、旧神領民(きゅうじんりょうみん)(伊勢の住民)と特別神領民(全国の崇敬者)が参加して、新しい正殿の敷地にお白石を敷き詰める行事。お白石は三重県内を流れる宮川で心を込めて拾い集め、この日まで清浄(せいじょう)な場所に保管されている。

おせち料理
【おせちりょうり】

年神(としがみ)さまにお供えする祝いの料理。それぞれの料理には、幸せな年にするための願いが込められる。例えば、「子孫繁栄の数の子」「五穀豊穣の田作り」「学問成就の伊達巻」「不老長寿の昆布巻き」など。新年を迎えられたことに感謝して、ありがたい気持ちでいただく。

年神さまと新年を寿ぐ

織田信長
【おだのぶなが】

戦国時代から安土桃山時代にかけての武将。圧倒的なカリスマ性を持つ策略家だったが、家臣の明智光秀に本能寺の変で討たれる。「大願成就」「開運」「難局突破」などのご利益で知られる京都市北区に鎮座する建勲(たけいさお)神社(通称けんくんさん)などにご祭神としてまつられている。

お朔日
【おついたち】

月の初めの日のこと。「朔日」ともいう。「朔」という言葉には「新月」の意味がある。

お朔日参り
【おついたちまいり】

毎月1日、先月を無事に過ごせた感謝と、今月も無事に過ごせるように願って神社に参拝する古くからの風習。続けていくと、神さまをより身近に感じられる。

お月見
【おつきみ】

月の神さまに月見団子をお供えし、ススキを飾って、秋の収穫に感謝する年中行事。ススキは月の神さまを招くための依代。旧暦8月15日の月「十五夜」は、「中秋の名月」ともいわれ、里芋やさつま芋などの芋類をお供えするので、別名「芋名月」。旧暦9月13日の月「十三夜」は、「後の月」ともいわれ、栗や枝豆などをお供えするので、別名「栗名月」「豆名月」。十五夜と十三夜、どちらか片方だけのお月見は「片月見」と呼ばれ、縁起がよくないとされる。

お年玉
【おとしだま】

お正月、年神さまにお供えする丸い鏡餅のおさがりにはご神霊が込められていて、それを「おとしだま」と呼んだ。おさがりの鏡餅をいただけば、年神さまが運んできたその年の福運をいただける。今のように現金を渡す習慣は、江戸時代になってからとされる。

オノゴロ島
【おのごろじま】

伊邪那岐神と伊邪那美神が最初に生んだ島。天浮橋という大きな橋の上に立って、天沼矛で海水をかき回し、引き上げたその矛の先からポタポタとしたたり落ちた海水が重なって誕生した。伊邪那岐神と伊邪那美神は、オノゴロ島に天下って国生みをする。

お祓い箱
【おはらいばこ】

三重県伊勢市に鎮座する伊勢神宮の御師が、お正月を迎える前に日本各地に配って歩いた神宮大麻のお神札を入れる小さな箱のこと。お祓い箱という言葉は、例えば、「古くなった靴をお祓い箱にする」「勤め先をお祓い箱になった」など、「不要になったものを取り払う」「解雇する」といった表現に用いられるが、それは「祓う」を「払う」にかけた表現。

帯祝い／着帯の祝い
【おびいわい／ちゃくたいのいわい】

安定期に入った妊娠5か月目の「戌の日」に行う安産祈願の人生儀礼。神さまからの授かりものである子どもの無事な出産を祈って、さらしの腹帯「岩田帯」を締め、神社に参拝する。岩田帯は妊婦の実家から贈られるという風習はあるが、実際は誰が用意しても構わない。戌の日が選ばれたのは、子だくさんでありながらお産が軽い犬にあやかってのこと。戌の日は12日ごとに巡ってくるので、1か月に2〜3日はある。

お神札
【おふだ】

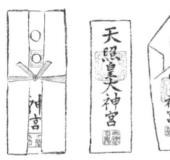

三重県伊勢市に鎮座する伊勢神宮で発行される「神宮大麻」のほかに、神社それぞれのお神札があり、その神社のご祭神のご神霊が込められている。お正月を迎える前に新しいお神札を授かり、神棚におまつりして家庭を守っていただく。神棚がない場合は、目線より高い、清浄な場所におまつりする。年末になったら、その年を無事に過ごせたことに感謝して神社に納め、お焚き上げをしてもらう。また、「火事除け」「泥棒除け」といった特定の目的で、台所や玄関など特定の場所におまつりするお神札もある。

意富加牟豆美命
【おほかむずみのみこと】

「黄泉の国」の神話に登場する神さま。伊邪那美神が差し向けた黄泉の国の黄泉醜女に追いかけられた伊邪那岐神は、黄泉比良坂まで逃げ、そこに生えていた桃の実を3個取って投げつけた。すると黄泉醜女は逃げ帰ったので、お礼に桃の実にこの名を授けた。

お

お守り
【おまもり】

お神札を小型化して、きれいな布製の守袋などに入れ、持ち運びやすくしたもの。常に携帯して、神さまのご加護をいただく。身につけるものなので、「病気平癒」「縁結び」「学業成就」といった個人的なお願いごとも多い。有効期限はない。願いが叶ったら、感謝して神社に納める。

おみくじ
【おみくじ】

幸運を招き寄せる縁起物のひとつで、何かの判断が必要になったときにひいて、ご神意をうかがう。大吉、中吉、小吉、吉、末吉、凶といった運勢のほかに、恋愛、仕事、金運、健康など生活全般のアドバイスや、判断のよりどころになる和歌も記されている。

思金神
【おもいかねのかみ】

『古事記』などの神話に登場する神さま。「天岩戸」の神話では、天照大御神のお出ましを願い、アイデアを練った。「国譲り」では、葦原中国の様子をうかがうために遣わす神さまを選んだ。その後の「天孫降臨」では、邇邇芸命に随行した。

於母陀流神、妹阿夜訶志古泥神
【おもだるのかみ、いもあやかしこねのかみ】

「神世七代」の第六代の神さま。於母陀流神は身体のすべてが整った男神、妹阿夜訶志古泥神はおそれ多いという意識を持つ女神。一緒に現れ出た男女の神で、二神で一代と数える。

折り鶴シャワー
【おりづるしゃわー】

神前結婚式で参列者が新郎新婦に折り鶴を
まき、末永い幸せを祈るセレモニー。「長寿」
や「福」の象徴である鶴には、つがいにな
ると生涯連れ添うことから、「夫婦円満」
の意味もある。神社によっては好まれない
場合もあるので、事前確認を忘れずに。

お礼参り
【おれいまいり】

神社でお願いごとをした際、その願いが
叶っても叶わなくても神さまに結果を報告
し、見守っていただいたお礼を伝えるため
に参拝すること。忘れずにお礼参りをして、
神さまとのご縁を深めていきたい。

お頒ち
【おわかち】

神社の授与所で巫女さんから、「お守りを
お頒ちいたします」と言われたりするが、
それは「頒ち配る」という意味。神社のお
神札やお守りなどにはご神霊が宿っている
ので、物品のように「売る」とは表現しな
い。また、「買う」ではなく、「授かる」「受
ける」。

御師
【おんし】

三重県伊勢市に鎮座する伊勢神宮を一般庶
民に広めるため、日本各地を旅してまわり、
祈祷を行ったり、神宮大麻のお神札や伊勢
暦を配ったり、曲芸などを披露したりして、
宣伝活動をした人のこと。加えて、伊勢へ
のお参りの際には宿坊や料理の手配まで
行って、誰でも気軽にお伊勢参りができる
仕かけをつくり、「一生に一度は行きたい」
という大ブームを牽引した。

御柱祭
【おんばしらさい】

長野県諏訪市などに鎮座する諏訪大社で、
7年目ごとの寅と申の年に行われる式年祭。
正式名称は「式年造営御柱大祭」。諏訪大
社の四宮（上社本宮、上社前宮、下社春宮、
下社秋宮）の四隅に建てる「御柱」として、
巨大なモミの木上下社各8本ずつを山から
里まで氏子たちが人力で曳き出す「山出し」
は4月、神社に向かって街中を曳く「里曳
き」は5月に行われる。山出しの中でも、
傾斜のきつい坂をダイナミックに曳き落と
す「木落し」は特に有名。また、本宮・春
宮・秋宮の宝殿3棟を造営し、遷座祭を斎
行する。

祓詞
はらえ ことば

掛けまくも畏き
か　　　　　　かしこ

伊邪那岐大神
い ざ な ぎのおほ かみ

筑紫の日向の橘の小戸の阿波岐原に
つく し　ひ むか　たちばな　お ど　あ は ぎ はら

御禊祓へ給ひし時に
み そ ぎ はら　　たま　　　とき

生り坐せる祓戸の大神等
な　ま　　　はらへ ど　おほ かみ たち

諸諸の禍事　罪　穢有らむをば
もろ もろ　まが ごと　つみ　けがれあ

祓へ給ひ　清め給へと白す事を
はら　たま　　きよ　たま　　まを　こと

聞こし食せと
き　　め

恐み恐みも白す
かしこ　かしこ　　まを

＊p158ページ参照。

か

階位
【かいい】

神社本庁に所属する神社で役職を得るための資格には、最高位の「浄階」に続き、「明階」「正階」「権正階」「直階」と5つの階位がある。各階位の名称は、神道で大切にされている「浄明正直」という言葉の4文字を用いたもの。

蛙
【かえる】

「国づくり」の神話で、大国主神のところに、誰も知らない少名毘古那神がやってきたとき、ヒキガエルの神さまが「かかしの神さまの久延毘古なら知っているはずだ」と進言した。また、「無事にかえる」に通じることから、「天孫降臨」で道案内をした猿田毘古神のお使いになったとも伝わる。

クエビコが知っています

久延毘古　ヒキガエル

雅楽
【ががく】

笙、篳篥、龍笛といった吹物や、羯鼓、楽太鼓、鉦鼓といった打物など、独特な楽器を用いる伝統的な音楽。神社の祭典などで奏でられる。雅楽の演奏は神職の仕事のひとつなので、日々練習に勤しんでいる。

鏡
【かがみ】

姿形を持たない神さまが宿る依代のひとつ。剣や玉とともに重要な神具である。神棚に神鏡をおまつりする場合は、お神札を納める宮形の前に配置する。くもりがないように手入れをし、汚れが取れなくなったら、新しいものと交換する。

鏡開き
【かがみびらき】

1月11日、お供えしていた鏡餅のおさがりを家族でいただく年中行事。年神さまのご神霊が宿る鏡餅を食べると、福運を授かることができる。鏡餅は刃物で切らず、木づちなどでたたいて割るが、「切る」「割る」という言葉は縁起が悪いので、忌詞の「開く」を用いて鏡開きと呼ばれる。

鏡餅
【かがみもち】

一年の無病息災を祈って、お正月にお供えする丸い餅のことで、年神さまの依代になる。神具の鏡に似た形なので鏡餅という名前がついた。12月28日に飾るのが一般的で、29日は「苦」をイメージさせ、31日は「一夜飾り」になるので縁起が悪いとされている。

地方によっては 紅白

柿本人麻呂
【かきのもとのひとまろ】

飛鳥時代の歌人。『万葉集』にはたくさんの素晴らしい和歌がのり、歌聖とあがめられる。「学問」「安産」「火災除」「夫婦和合」などのご利益で知られる兵庫県明石市に鎮座する柿本神社などにご祭神としてまつられている。

歌の聖

神楽
【かぐら】

神さまに奉納する歌舞。天岩戸の前で天宇受売命が歌い舞ったことが神楽の起源とされる。宮中の「御神楽」と、巫女神楽、採物神楽、湯立神楽、獅子神楽といった民衆の「里神楽」がある。

神楽鈴
【かぐらすず】

7、5、3と3段に分けて計15個の小さな鈴を綴り、柄をつけたもの。「たくさんぶら下がっている」という意味の「鈴なり」の語源でもある。巫女神楽などを奏上するとき、手に持ってさやさやと鳴らす。

神楽殿
【かぐらでん】

神社の境内にある、神楽を奉納するための舞台。「舞殿」とも呼ばれる。規模によっては、神楽殿のない神社もある。

かしこみかしこみ
【かしこみかしこみ】

かしこみには、「かしこまる」「おそれ多いと思う」などの意味があり、繰り返すことで「さらに深く、かしこまる」という慎み深い心の状態を示す。祓詞、神社拝詞や神棚拝詞では、締めの言葉として「かしこみかしこみもうす」という。

湯立神楽

無病息災

ベンドン

ヒュ〜 ヒャララ〜 ヒュ〜

橿原宮
【かしはらのみや】

初代神武天皇が即位したとされる皇居のこと。奈良県橿原市に鎮座する橿原神宮の境内がその場所にあたる。この地で即位した年が日本紀元（皇紀）の元年で、紀元前660年。この地で即位した日を太陽暦に換算した2月11日は国民の祝日「建国記念の日」であり、全国の神社では紀元祭が執り行われる。

賀集利樹
【かしゅうとしき】

初めてのお伊勢参りで衝撃を受け、それから日本の歴史を学ぶうちに、「神道を専門的に勉強したい」と思うようになる。俳優業のかたわら、社会人入試枠で受験した國學院大學神道文化学部神道文化学科に入学。平成26（2014）年卒業。令和3（2021）年に演劇ユニット「かしこみかしこみ」を結成するなど活躍中。

拍手
【かしわで】

神さまに参拝する際、両手を合わせ、左右に開いた後、音を出して打ち合わせること。神さまに感謝を伝えたり、また、邪気を祓ったりするために音を出すとされる。

数霊
【かずたま】

言霊と同じように、数字の一つひとつに宿る不思議な力、霊力のこと。

門松
【かどまつ】

根引き松

関西の旧家

お正月、家の玄関や門の前に立てる松や竹を用いた正月飾り。一般的には、2本1セットで飾る。年神さまは門松を目印にやってくると伝えられる。

家内安全
【かないあんぜん】

神社での参拝で、特別なご祈願をする場合のメニューのひとつ。家族が病気にならず健康で過ごせることや、事故に遭わず無事でいられることを願う内容。

壁かけ用お神札立て
【かべかけようおふだたて】

ここ数年、壁にかけるコンパクトタイプの新しいお神札立てが人気。部屋が狭くて神棚が置けなくても、お神札をきちんとおまつりできる。また、モダンでおしゃれなデザインのものが多いので、インテリア感覚で選べるのもうれしい。

かまど神
【かまどかみ】

家の中で火を取り扱う場所におまつりされる神さま。「荒神さま」とも呼ばれる。

神遊び
【かみあそび】

神さまに神楽を奏上して、慰めたり、喜ばせたりすること。

神在祭
【かみありさい】

島根県出雲市に鎮座する出雲大社で、毎年旧暦10月の1週間をかけて執り行われる神事。神々をお迎えする「神迎祭」に始まり、「神在祭」、最後にお見送りをする「神等去出祭」がある。この期間、八百万の神々は全国から出雲大社に集まり、大国主大神のもとで縁結びなどの神議り（会議）をすると伝えられる。

神在月と神無月
【かみありづきとかんなづき】

旧暦10月は、八百万の神々が全国から出雲大社に集まる月なので、島根県出雲地方では「神在月」という。出雲以外の土地では神さまが不在になるので「神無月」。

神生み
【かみうみ】

「神生み」の神話では、国生みを終えた伊邪那岐神と伊邪那美神によって、山や木、海、風の神さまなど自然にまつわるたくさんの神々が生み出された経緯が記されている。伊邪那美神は火の神である火之迦具土神を産んだときに火傷を負い、その後に亡くなる。

神がかり
【かみがかり】

人にご神霊がひょういして乗り移ること。そうした神がかりの状態には、受動的になる場合と、能動的になる場合があり、人の口を通じてご神意が告げられることが多く、それを「託宣」という。古い時代には、託宣を行う巫女が神社に存在していた。

神棚
【かみだな】

お神札をおまつりするための棚。清浄な場所に、南向きか東向きで設置するのがベスト。神棚の中央には、お宮の形を模した「宮形」を置き、その中にお神札を納める。宮形を神棚と言うこともある。「注連縄」を張り、「榊」と「神饌（米、塩、水、酒）」をお供えする。

神棚拝詞
【かみだなはいし】

家庭で神棚をお参りするときに奏上する拝詞。拝詞とは祝詞の一種のことである。神棚の前に立ち、2拝してから神棚拝詞を奏上し、その後、2拝2拍手1拝をする。全文はp142に掲載。

神棚封じ
【かみだなふうじ】

家族が亡くなったとき、神さまに誰が亡くなったのかお伝えしてから、神棚（宮形）の扉を閉め、正面を隠すように白い紙を貼ること。その際には、「榊」と「神饌（米、塩、水、酒）」は下げる。故人のおまつりに専念して世間に出ることを慎む「忌中」の期間は神棚封じをし、神社への参拝も控える。50日経ったら「忌明け」になるので、白い紙を取って元の状態に戻す。

お供えものなし

神産巣日神
【かみむすひのかみ】

世界が天と地に分かれて開けたとき、高天原に現れ出た、「別天つ神」の第三代の神さま。「造化三神」のうちの一柱でもある。万物の生産の神で、姿を持たない身を隠した神。神産巣日神の指の間から生まれた子が、少名毘古那神である。

神さまや仏さまにお参りすると吉

神吉日
【かみよしにち】

特定の干支の組み合わせで決まる神吉日は、神社仏閣への参拝やお墓参りにおすすめの大吉日。年間で200日ほどある。

神世七代
【かみよなななよ】

世界が天と地に分かれて開けた天地開闢のとき、高天原に現れ出た七代の神さまのこと。国之常立神、豊雲野神は、一柱で一代。宇比地邇神と妹須比智邇神、角杙神と妹活杙神、意富斗能地神と妹大斗乃弁神、於母陀流神と妹阿夜訶志古泥神、伊邪那岐神と伊邪那美神は、二柱で一代と数える。

神倭伊波礼琵古命
【かむやまといわれびこのみこと】

初代神武天皇（p111）の別名。

亀
【かめ】

「鵜葺草葺不合命の誕生」の神話では、山幸彦の子を身ごもった豊玉毘売命は、お使いである亀の背に乗って葦原中国にやってくる。また、亀は「健康長寿」をサポートする眷属としても親しまれている。

粥占
【かゆうら】

粥の持つ邪気祓いの力を用いて、その年の天候や作物の豊凶を占う年占のひとつ。各地の神社の神事として、毎年1月15日の小正月に行われることが多い。粥の中に木の枝を入れてかき回し、ついた米粒の数で占ったりする。

豊玉毘売

か

災厄除け

からす文字
【からすもじ】

あらゆる災厄から守ってくれる熊野三山の護符「熊野牛王宝印」に描かれる、からすを用いた文字。一つひとつの文字は、からす数羽と宝珠であらわされ、「オカラスさん」とも呼ばれる。熊野三山の、熊野本宮大社、熊野速玉大社、熊野那智大社それぞれにあるが、熊野牛王宝印のからすの数とデザインは異なる。

観月祭
【かんげつさい】

十五夜の日、中秋の名月をたたえて愛でる神事。月は月読命の化身とされる。日没後に行われるので、神秘的かつ幻想的な雰囲気。和歌を詠んだり、巫女神楽や雅楽を奉納したりするほか、神社によっては、たらいに汲んだ水に月を浮かべ、ご神水としてお頒ちしたりしている。

勧請
【かんじょう】

神さまのご神霊を分けて別のところに遷し、おまつりすること。総本社や総本宮から勧請されることが多く、分霊しても、もとのご神霊と同じ力を持つとされる。ご祭神を勧請した神社は「分祠」「分社」などと呼ばれる。勧請という言葉はもともと仏教用語だった。

惟神の道
【かんながらのみち】

神さまのご意向のままで、人の思惑が加わらない誠の道。神道を意味する。

神奈備
【かんなび】

神さまがお鎮まりになる場所で、特に山や森のこと。

神嘗奉祝祭
【かんなめほうしゅくさい】

三重県伊勢市に鎮座する伊勢神宮と宮中で、毎年10月17日に執り行われる神嘗祭は、天照大御神にその年に収穫した初穂をお供えする感謝祭。この日、全国の神社でも、お祝いの意味を込めて神嘗奉祝祭という中祭を執り行う。戦前までは祭日（皇室で神道の大事な祭典などを行う日）であった。

神習う
【かんならう】

神さまの行動に習うという意味。神さまのご意向にたがわぬように、真っ直ぐに生きることでもある。

神主
【かんぬし】

かつては宮司を指していたが、現在は「神職」と同じ意味で使われる。神社で神さまに奉仕して神事を行ったり、神社の運営に携わったりする人のこと。

がん封じ
【がんふうじ】

神社での参拝で、特別なご祈願をする場合のメニューのひとつ。また、全国各地にがん封じのご利益があるとされる神社があり、お守りや絵馬などの授与品もお頒ちされている。

還暦
【かんれき】

数えで61歳を迎えた年祝い。十干十二支がひと巡りして、再び生まれ還ったことを喜ぶ。赤い色のちゃんちゃんこを身につけるのは、赤ちゃんにあやかってのこと。

記紀
【きき】

奈良時代に太安万侶によって編さんされた『古事記』と舎人親王によって編さんされた『日本書紀』を併せた呼び名。ともに第40代天武天皇の発案で、日本神話や天皇陛下の歴史を伝えている。

清浄
高潔
日本の国花

菊
【きく】

高潔な美しさで邪気を祓うとされ、菊をモチーフにしたさまざまな文様は縁起のいい吉祥文様として好まれた。また、日本の国花であり、菊花紋章は日本の国章として捉えられている。皇室が家紋として使うのは、「十六弁八重表菊」。日本のパスポートには、「十六弁一重表菊」が用いられる。神社の神紋にも菊花紋章は使われている。

き

75

菊酒
【きくざけ】

9月9日の重陽、菊の節句のとき、厄除けや長寿を祈って飲む菊の花びらを浸した日本酒のこと。菊酒以外にも、前の晩に菊の花に霜除けの真綿をかぶせ、当日に香りと露を含んだ真綿で顔や体をぬぐって無病息災を祈る「菊の被綿」を行ったり、湯船に菊を浮かべた「菊湯」に浸かったり、また、干した菊の花びらを詰める「菊枕」で眠ったりする。

紀元祭
【きげんさい】

毎年2月11日の建国記念の日に執り行われる中祭。『古事記』などに登場する初代神武天皇の即位した日を太陽暦に換算すると2月11日になるため、この日、日本の建国をお祝いし、国家の隆昌と皇室の弥栄を全国の神社で祈る。

喜寿
【きじゅ】

77歳の長寿を迎えた年祝い。「喜」の草書体は「㐂」。これが七十七のように見えるので、この呼び名がついた。

北野天満宮
（全国天満宮総本社）
【きたのてんまんぐう
（ぜんこくてんまんぐうそうほんしゃ）】

学問の神さまとして崇敬の篤い菅原道真公（菅公）のご神霊をおまつりする全国天満宮の総本社。菅公は、平安時代に活躍した学者出身の政治家で、幼少の頃から非凡な才能を発揮し、やがて右大臣として国家の政務を統括した。しかし、晩年は左大臣の藤原時平らにより無実の罪を着せられ、九州大宰府に左遷され、波乱の生涯を閉じた。その後、天暦元（947）年、平安京の天門（北西）に位置する北野の地に、「御霊信仰」「疫病退散」「厄除け」の社として創建された。境内は京都屈指の景勝地として有名で、秋はもみじ苑、春は梅苑が美しく、多くの参詣者が訪れる。

キッコーマン
【きっこーまん】

醤油をはじめ、さまざまな調味料や飲料などを扱う大手メーカー。社名は醤油の商標「亀甲萬」に由来。亀甲萬は、千葉県香取市の「亀甲山」に鎮座する香取神宮と、同神宮のご神宝である「三盛亀甲紋松鶴鏡」の亀甲紋様を図案化したものに、「亀は萬年」という言葉から「萬」の字を配したものとされている。

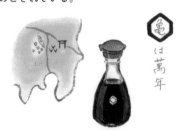

狐
【きつね】

五穀豊穣の女神である稲荷神のお使いとして有名。眷属の狐は神さまと同じように姿形がないので目に見えず、「白狐」と呼ばれる。また、神社でまつられている「狛狐」には、稲穂、巻物、鍵、玉を口元にくわえているものもある。

稲荷神
気に入った！
しっぽも 稲穂のようだ

ネズミを捕える → 田を守る

祈祷
【きとう】

神さまのご加護をいただけるように祈る神事のこと。例えば、社殿に上がって参拝するご祈祷の場合、まず「修祓」で穢れを祓い清めた後、神職が神さまに願いごとを奏上する「祈願」、神さまに感謝を捧げる「玉串奉奠」と続いて、最後にお神酒をいただく「直会」で終了、という流れが一般的である。

祈年祭
【きねんさい】

毎年2月17日に執り行われる大祭。「としごいのまつり」とも読む。「春祭り」とも呼ばれ、宮中や全国の神社でその年の五穀豊穣を祈る。もともとは田の神さまへの「予祝」であった。予祝とは、期待通りの結果がすでに得られたようにあらかじめ祝っておくと、現実の世界もそうなると信じること。春の祈年祭、秋の新嘗祭、神社ごとの例祭は「三大祭」と称され、特に大事にされている。

亀卜
【きぼく】

亀の甲を焼いてできたひび割れをもとに、ご神意や事柄の吉凶を占う古代の占法。

鬼門
【きもん】

北東の方位・方角のこと。鬼が出入りするので悪いことが起こりやすく、注意すべきとされている。鬼門と反対の南西の方位・方角は、「裏鬼門」と呼ばれ、鬼門と同様に忌み嫌われる。どちらも清浄にしておくことで邪気を祓える。

九州
【きゅうしゅう】

福岡県、大分県、佐賀県、長崎県、熊本県、宮崎県、鹿児島県からなる。「国生み」の神話で、伊邪那岐神と伊邪那美神が生んだ「筑紫島」で、大八島国のひとつ。

宮中三殿
【きゅうちゅうさんでん】

皇居内に鎮座する「賢所」「皇霊殿」「神殿」の総称で、天皇陛下が国家と国民の安寧と繁栄を祈る宮中祭祀が行われる。中央の賢所は高さも広さも大きく、皇祖の天照大御神がまつられている。賢所の西側にある皇霊殿には、初代神武天皇からの歴代天皇陛下、皇后、皇族、東側の神殿には、天神地祇八百万神がまつられている。

清め塩
【きよめしお】

塩を用いて清めること。古くから、塩は災いを除ける特別なものとされた。『古事記』などでは、伊邪那岐神は黄泉の国の穢れを祓うため、海水で禊祓をした。海水での禊は「潮垢離」という。玄関の盛り塩や相撲の清めの塩のほか、神社では塩を水か湯で溶いた塩湯でお祓いを行う。

ー潮垢離ー（しおごり）

清め砂
【きよめすな】

神社でお祓いをした砂を用いて清めること。その砂をまくと場を清めて災いや邪気を除け、開運するとされる。家を建てたり、リフォームや引っ越しをしたりするときに敷地の四隅に、また、庭木などを伐採するときも四隅にまいたり、盛ったりする。さらに、玄関や自動車などのお祓いにも使える。

教育勅語
【きょういくちょくご】

明治23（1890）年、第122代明治天皇が日本人にとって大切な精神を最小限の言葉にまとめて説いたもの。「孝行」「友愛」「夫婦の和」「朋友の信」「謙遜」「博愛」「修学習業」「知能啓発」「徳器成就」「公益世務」「遵法」「義勇」の12の精神がある。昭和23（1948）年の国会で、教育勅語の失効と排除が決まった。

御製
【ぎょせい】

天皇陛下が詠んだ和歌や詩文のこと。新春恒例の宮中行事「歌会始の儀」では、全国から集まった和歌の中で特に優秀な作品、皇族の和歌、皇后の御歌、そして最後に御製が披露される。『百人一首』の1番目は、第38代天智天皇の御製。また、第122代明治天皇は9万3000首あまりと実にたくさんの御製を詠んだ。

鑽火
【きりび】

古くからの発火法で、棒状の木を板に押しつけながら回転させ、摩擦熱によって火を生み出す。特に神事に用いる清浄で神聖な火を得る方法として、神社などで行われる。こうして起こした火は「忌火」と呼ばれ、神前に供えるお米やさまざまな料理の煮炊きに使ったりする。

禁忌
【きんき】

一般的には、タブーという意味だが、神道の見方では、不吉なもの、汚れたものなどに近づくこと、触ることを禁止するという意味。禁忌を破ると、災害、病気、たたりなどの災いが起こると信じられている。

勤労感謝の日
【きんろうかんしゃのひ】

11月23日の国民の祝日。令和では、1年の中で最後の祝日になる。法律では、「勤労をたつとび、生産を祝い、国民がたがいに感謝しあう」と趣旨が規定されている。昭和23（1948）年に制定された。その前は「新嘗祭」という祭日（皇室で神道の大事な祭典などを行う日）だった。

宮司
【ぐうじ】

神職の職階のひとつで、各神社を代表する、その神社で最も偉い人（p108）。規模の小さな神社では、職員は宮司ひとりだけのところも多い。

久延毘古
【くえびこ】

かかしの神さまといわれ、歩くことはできないが、ありとあらゆることに通じているとされる。「国づくり」の神話で、大国主神のところに誰も知らない少名毘古那神がやってきたとき、久延毘古だけはその名を知っていた。

79

櫛名田比売
【くしなだひめ】

「八俣大蛇」の神話で、葦原中国の出雲に天下った須佐之男命が、八俣大蛇に食べられそうになっているところを櫛に変身させて助け、その後に結婚した女神。両親は国つ神の足名椎と手名椎。

須佐之男命の妻に
八俣大蛇のいけにえから

奇魂
【くしみたま】

神さまには、自然災害や病気などを引き起こす「荒魂」と、豊かな恵み、平和や安定を与える「和魂」という、マイナスとプラスの側面があるとされる。和魂は、さらに「幸魂」と「奇魂」の2つに分けられ、奇魂とは人々に幸福を与える神秘的な力のことをいう。

楠木正成
【くすのきまさしげ】

南北朝時代の武将。鎌倉幕府を滅亡させ、第96代後醍醐天皇に忠義を尽くした。水戸光圀公は「嗚呼忠臣楠子之墓」との墓碑を建立し、楠木正成公の精神を天下に顕彰した。神戸市中央区に鎮座する湊川神社などにご祭神としてまつられている。夫人もおまつりされており、ふたりは夫婦仲がよく、夫婦の鑑といわれたことにあやかった「夫婦良縁」や「開運招福」などのご利益でも知られる。

忠臣の大楠公

国生み
【くにうみ】

「国生み」の神話では、高天原の神々から仰せを受けた伊邪那岐神と伊邪那美神が、水に浮いた油のようにフワフワと海面を漂っていた日本の国土を天沼矛でしっかりと固め、大八島国を生むまでの経緯が記されている。

国つ神
【くにつかみ】

『古事記』などの神さまのうち、葦原中国で生まれた神々や、邇邇芸命が高天原から葦原中国に天下る天孫降臨のずっと前から暮らしている豪族などを指したりする。国つ神の主宰神（中心になる神さま）は大国主神。

国つ罪
【くにつつみ】

大祓詞にある罪名。人倫の乱れによって起こる罪で、近親相姦や獣姦、他人を傷つける呪術など。

国之常立神
【くにのとこたちのかみ】

「神世七代」の第一代の神さま。ひとり神で、姿を持たない身を隠した神。

国譲り
【くにゆずり】

「国譲り」の神話では、大国主神が治める葦原中国が天照大御神に譲られるまでの経緯が記されている。国を譲った後、大国主神が移り住んだ島根県の出雲大社、また、大国主神の子の建御名方神が信濃に移り住んだ話も語られる。現在、建御名方神は長野県諏訪市などに鎮座する諏訪大社のご祭神としてまつられている。

熊野久須毘命
【くまのくすびのみこと】

「誓約」の神話で、須佐之男命が天照大御神の「右の手に巻きつけていた勾玉」をかみ砕いて吹き出し、その霧のような息から生まれた男神。

熊野古道
【くまのこどう】

熊野三山に詣でる路のこと。熊野古道は1本ではなく、東西南北からアプローチするいくつかのルートがある。有名なのは、三重県伊勢市に鎮座する伊勢神宮から熊野三山を目指す「伊勢路」。ほかのルートには、「小辺路」「中辺路」「大辺路」「紀伊路」などがある。

熊野三山
【くまのさんざん】

和歌山県の、田辺市に鎮座する「熊野本宮大社」、新宮市に鎮座する「熊野速玉大社」、那智勝浦町に鎮座する「熊野那智大社」の総称。熊野三山それぞれの主祭神をまとめて「熊野三所権現」、熊野三所権現にほかのご祭神を合わせて「熊野十二所権現」という。

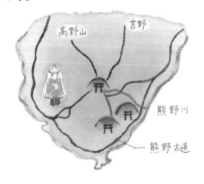

熊野那智参詣曼荼羅
【くまのなちさんけいまんだら】

熊野信仰の聖地那智山の社寺を中心とした景観と、その信仰をあらわしたもの。那智の山々、那智の滝、那智川、那智湾、そして大勢の参詣者やさまざまな説話、ご利益などが描かれている。

歴史上のあの人やこの人も

熊野那智大社
【くまのなちたいしゃ】

和歌山県東牟婁郡那智勝浦町に鎮座する、全国に約4700社以上ある熊野神社の総本宮。熊野夫須美大神を主祭神としておまつりしている。那智の滝をご神体としてまつる飛瀧神社は、熊野那智大社の別宮。

熊野速玉大社
【くまのはやたまたいしゃ】

和歌山県新宮市に鎮座する、全国に約4700社以上ある熊野神社の総本宮。伊弉諾尊とされる熊野速玉大神と伊弉冉尊とされる熊野夫須美大神を主祭神としておまつりしている。樹齢1000年の梛のご神木がある。山の上の巨大なゴトビキ岩（ヒキガエルを意味する方言）をご神体としてまつる神倉神社は、熊野速玉大社の境外摂社。

熊野比丘尼
【くまのびくに】

熊野三山への参詣や寄付を勧めるため、熊野那智参詣曼荼羅を持って諸国を訪ね歩き、絵解きをしながら熊野信仰のありがたさを説いた尼僧。熊野牛王宝印の護符や、熊野の神さまを象徴する梛の葉を配りながら、熊野信仰を全国に広めた。

熊野本宮大社
【くまのほんぐうたいしゃ】

和歌山県田辺市に鎮座する、全国に約4700社以上ある熊野神社の総本宮。素戔嗚尊とされる家津美御子大神を主祭神としておまつりしている。かつては熊野川上流の大斎原に鎮座していた社殿は、明治22（1889）年の大水害で現在の場所に移された。大斎原に社殿が創建されたのは崇神天皇65年（紀元前33）年と、今から2000年以上前のこと。

敬神崇祖
【けいしんすうそ】

神さまを敬い、自分のご先祖さまを崇める神道の基本的な精神のこと。家族が亡くなっても、人の「いのち」は不滅であり、祭祀などを通じておまつりすることで、やがて子孫を見守る守り神になる「敬神崇祖一体観」という古くから日本にある考え方。

境内
【けいだい】

神社が鎮座する敷地のこと。境内には、本殿、拝殿、神楽殿、社務所などの建物のほかに参道、手水舎、鳥居もある。境内を囲むようにしてある森は、鎮守の森（杜）といわれる。

雲
【くも】

神棚は目線より高い位置で、上に人が通らない場所に置くものだが、マンションで上の階に部屋があったり、戸建てでも1階に神棚があったりする場合、神棚の真上に「雲」という文字を貼る。そうすることで、「ここから上は何もない、天とつながっている状態」とみなされる。

上に部屋があっても問題なし

け 穢
【けがれ】

「気枯れ」という、生命力が弱くなった不浄な状態のこと。そうしたときに、物事を見誤ったり、病気や災いを招いたりする。ゆえに、穢を「禊」や「祓」によって取り祓い、心身を清浄にしておくことが重要だと神道では考える。

外宮
【げくう】

三重県伊勢市に鎮座する伊勢神宮の2つの正宮のうちのひとつ。正式には「豊受大神宮」だが、一般的には外宮と呼ばれる。ご祭神の豊受大御神は、内宮の天照大御神のお食事を司る女神であり、また、衣食住に関わる諸産業の守り神。伊勢神宮の参拝は、この外宮から始まる。

建国記念の日
【けんこくきねんのひ】

2月11日の国民の祝日。法律では、「建国をしのび、国を愛する心を養う」と趣旨が規定されている。この日付は、『古事記』などに登場する初代神武天皇の即位日を太陽暦に換算したもの。本来は紀元節。占領政策のため、祝日から削除されていたが、国民の間に復活させようという動きが高まり、昭和41（1966）年に建国記念の日として復活し制定された。

元始祭
【げんしさい】

毎年1月3日に執り行われる中祭。年の初めに国家の隆昌、皇室のますますの繁栄を宮中や全国の神社で祈る。戦前までは祭日であった。

眷属
【けんぞく】

神さまのお使いのことで、神使とも呼ばれる。馬、牛、狐、兎、猪、猿など特定の動物たちで、神さまからのメッセージを人々に伝えたり、近くで見守ってくれたりする、とてもありがたい存在。

兼務社
【けんむしゃ】

専属の神職が常駐していないので、別の神社に常駐する神職が兼任して奉仕する神社のこと。全国には約8万社の神社があるが、神職の数は8万人に満たないので、ひとりの神職が複数の神社を兼務するケースは少なくない。

橿原宮

神武天皇即位　辛酉一年一月一日

皇學館大学
【こうがっかんだいがく】

神職資格が取得できる大学2校のうちの1校。創設は明治15（1882）年4月で、神職養成を目的に伊勢神宮が設けた官立神宮皇學館および官立神宮皇學館大学を経て、現在は私学。文学部神道学科および国文学科、国史学科で所定の単位を取得すると「明階」または「正階」の神職階位が得られる。所在地は三重県伊勢市。

皇紀
【こうき】

初代神武天皇の即位した年を元年とする日本独自の紀年法。令和3（2021）年は皇紀2681年。

古希
【こき】

70歳の長寿を迎えた年祝い。中国の詩人、杜甫の詩の一節「人生七十、古来稀なり」に由来して、この呼び名がついた。

國學院大學
【こくがくいんだいがく】

神社本庁所属神社の神職になるには階位（資格）が必要で、そのための神職資格取得課程がある大学2校のうちの1校。所在地は東京都渋谷区。神道や神職になるための教育が行われる「神道文化学部」で4年間学び、所定の単位などを修得すると、神社本庁を通じて「明階」や「正階」の階位が得られる。

古事記
【こじき】

現存する日本最古の歴史書。奈良時代初期の和銅5（712）年、稗田阿礼が誦習していたさまざまな伝承や歴代天皇の系譜を書き取り、太安万侶が編さんした。上巻、中巻、下巻の全3巻で、112首の和歌も詠まれている。上巻は天地開闢から天孫降臨までの神代、中巻は初代神武天皇から第15代応神天皇まで、下巻は第16代仁徳天皇から第33代推古天皇までのことが記されている。

五色
【ごしき】

青（緑）、赤、黄、白、黒（紫）のこと。五色の絹の旗に、右には鏡と玉、左には剣をつり下げた「真榊」は、神社の拝殿や神棚の前でよく見かける祭具。

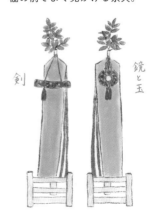

こ

基本タイプ

絵柄入り

御朱印
【ごしゅいん】

神社を参拝した証で、神社名や参拝年月日が美しく墨書きされ、神紋や神社紋などが押印される。「つつんで拝します」という意味の「奉拝」の文字も墨書きされることが多い。御朱印は「もらう」ではなく、「いただく」や「拝受する」で、参拝を終えてからいただく。

表のデザインは多種多様

御朱印帳
【ごしゅいんちょう】

御朱印をいただく、じゃばら状の帳面のこと。神社オリジナルのもの、美術館や博物館の限定のものなど、さまざまな装丁の御朱印帳があり、選ぶのも楽しみのひとつになっている。

50年したら、故人からご先祖さまへ
【ごじゅうねんしたら、こじんからごせんぞさまへ】

神道では、死後1年目の命日は一年祭、以降は三年祭、五年祭、十年祭、二十年祭、三十年祭、四十年祭と続き、五十年祭でまつりあげとなる。亡くなって50年経ったら、故人の御霊はご先祖さまとなり、その家の祖霊として子孫を見守る。

五節句
【ごせっく】

季節の節目に無病息災や子孫繁栄などを願う節句は、年間に5つある。1月7日の人日は七草の節句。3月3日の上巳は桃の節句、ひな祭り。5月5日の端午は菖蒲の節句。7月7日の七夕は七夕。9月9日の重陽は菊の節句。

東風吹かば
にほひをこせよ
梅花
主なしとて
春を忘るな
【こちふかば にほひをこせよ うめのはな あるじなしとて はるをわするな】

現代語訳：春風が吹いたら、香りを届けておくれ、梅の花よ。私がいないからといって、春を忘れてはならないよ。
菅原道真公が無実の罪で京から大宰府に左遷されるとき、大事にしていた庭の梅の木に言い残すようにして詠んだ有名な和歌。

別天つ神
【ことあまつかみ】

世界が天と地に分かれて開けた天地開闢のとき、高天原に現れ出た五柱の神さまのこと。天之御中主神、高御産巣日神、神産巣日神、宇摩志阿斯訶備比古遅神、天之常立神。

言霊
【ことだま】

言葉に宿るとされる霊力。言葉を発すると言霊が発揮されて、現実の世界に影響を与えると信じられている。結婚式のスピーチなどで縁起の悪い言葉を避ける「忌詞」も言霊信仰に基づいたもの。

木花之佐久夜毘売
【このはなのさくやびめ】

「天孫降臨」の神話で、邇邇芸命に求婚され、姉の石長比売と一緒に嫁いだ美しい神さま。父は大山津見神。一夜にして身ごもったので、邇邇芸命から「国つ神の子ではないか」と疑われ、「天つ神のあなたの子なら、何が起きても無事に生まれるはず」と誓約をして産屋に火を放ち、燃えている中で火照命（海幸彦）、火須勢理命、火遠理命（山幸彦）を生む。火遠理命の孫は、初代神武天皇にあたる。

御幣
【ごへい】

竹や木の幣串に2本の紙垂をはさんだ神具。通常の紙垂は白い紙だが、五色（青（緑）、赤、黄、白、黒（紫））、金や銀を使うこともある。専用の台に置かれた御幣は、神さまが宿る依代になったり、ご神前を飾るものになったりする。また、神社の祭礼では、参列者の罪穢を祓い清めるためにも用いられる。

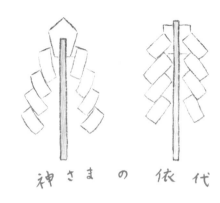

神さまの依代

狛犬
【こまいぬ】

はじめ系

たくましい系

ほっこり系

神社といえば狛犬、と思い浮かべる人は多く、神社のシンボル的な存在。参道の両脇に一対で置かれる狛犬には、邪気を祓って、悪しきものの侵入を防ぐという役目がある。口を開けた「阿」の姿が獅子で、口を閉じた「吽」の姿が狛犬。子犬を足元に従わせたものや、玉を抱えたものなど、神社によってさまざまなバリエーションがある。

権宮司
【ごんぐうじ】

宮司と禰宜の間におかれる、神職の職階のひとつ。権には「副、仮」という意味があり、宮司のひとつ下のランクになる(p108)。宮司を補佐する役職で、規模の大きな神社にいることが多い。

権正階
【ごんせいかい】

神社本庁に所属する神社で役職を得るためには資格が必要で、その資格には5つの階位がある（p108）。権正階になったら、一般的な神社の宮司や、社格の高い神社の権禰宜につける。

権禰宜
【ごんねぎ】

神職の職階のひとつ。権には「副、仮」という意味があり、禰宜のひとつ下のランクになる（p108）。禰宜を補佐する役職で、規模の大きな神社にいることが多い。権禰宜の下には、神職の見習い的な立場の「出仕」と呼ばれる職階がある。

88

神道は、
「祓えに始まり、祓えに終わる」

よく聞く「祓え」という言葉には、
とても深い意味があります。
祓えとは、一体何？　どうすることなのでしょう。

●日本人は神さまとつながっている

　一般的に、神道は「祓えに始まり、祓え
に終わる」と言われています。それはどう
してだと思いますか。

　古くから、日本人は自分たちのことを神
さまの生みの子であり、神さまの子孫であ
ると信じてきました。このことは『古事記』
『日本書紀』に登場する神々が天孫降臨し
た後、各豪族や氏の者たちの祖となった、
と記載されている事実によっても知られま
す。神々は私たちと血が続いているご先祖
さまなのです。

　ですから、神さまの子孫である私たちも
また、神性が備わった存在です。神さまは
祈る対象であると同時に、私たちの中にも
宿っているのですね。すべての人が等しく
そうなのですが、その真実になかなか気が
つけないのです。

●日々の暮らしで生まれる罪穢を祓う

　この世に生まれ出たときから、清らかな
命の中には「本当のこころ」が宿っていま
す。それは神代から連綿と受け継がれてき
た、とても大切な「心神」です。

　しかし、日々の暮らしの営みの中で、知
らず知らずのうちに犯してしまう罪穢に
よって、「本当のこころ」はがっちりとフ

タをかけられてしまいます。実際の生活を
かえりみるとき、申しわけないことばかり
でありますから、どうしても「本当のここ
ろ」が見えなくなる。

　そのフタを取り外すべく、罪穢を祓うの
です。そうして、奥にある「本当のこころ」
にたどり着き、「本当のこころ」に従うこ
とが神道です。

　神道とは、その厳粛な事実に気づき、感
謝の心で生きること。過剰な期待や余計な
欲望を捨て去ること。こころを穏やかにし
て、慎み深く生活することです。

　自らの中に宿っている神さま、その心神
を我欲によって傷つけてはいけません。で
すから、祓えが必要で、神道は「祓えに始
まり、祓えに終わる」なのです。

● 渋川八幡宮便り ●

群馬県渋川の総鎮守
小野先生が奉職の渋川八幡宮は、建長年
間（1250年頃）に、鶴岡八幡宮から勧
請された神社で、ご祭神は応神天皇。本
殿は県指定重要文化財。境内社には、出
雲大社、恵比寿大黒社、発達稲荷神社、
祖霊社、天満宮、七福神がある。
住所：群馬県渋川市渋川1
電話：0279-24-0122

略祓詞

祓へ給へ 清め給へ

＊p182ページ参照。

西郷隆盛
【さいごうたかもり】

薩摩藩士のリーダー的存在で、明治維新の英雄。人としての器が大きいことで有名で、たくさんの人々に信頼されている。座右の銘は「敬天愛人」。明治政府と争った西南戦争に敗れて、自決する。「厄除け」「開運」「無病息災」「家内安全」などのご利益で知られる鹿児島市に鎮座する南洲神社に、西南戦争の薩摩軍戦没者6800柱とともにご祭神としてまつられている。

幸先詣
【さいさきもうで】

令和3（2021）年の初詣の際、新型コロナウイルス感染予防対策として提唱された、新しい生活様式のひとつ。大勢の人で混み合う新年の初詣のかわりに、年末のうちに一年を無事に過ごせた感謝と新しい年のご加護を神さまにお祈りしようというもの。幸先詣というネーミングには、「幸先よく新年を迎えたい」という願いも込められている。

祭神
【さいじん】

神社にまつられている神さまのこと。もともと神道では、海、山、川、木、岩などの自然の中に目には見えない神さまの存在を感じていたので、昔は神社の神さまに名前はついていなかった。ほとんどの神社のご祭神は、地名や神社名を付したのが一般的であった。明治維新後、全国の神社でご祭神についての考証や選定などが行われ、現在では日本神話に登場する神さまなどがご祭神としてまつられるようになった。

賽銭は5円でいいですか？
【さいせんはごえんでいいですか？】

賽銭とは、日々のご加護に感謝して、また、お願いごとが叶ったときなど、神さまに心を込めて捧げる金銭のこと。古くは命の源であるお米をお供えしていた。真ん中に穴があいた5円や50円の硬貨は、見通しがいいので賽銭にぴったりと言われているが、今の時代、「5円や50円ではあまりにも少額」という考え方もある。穴あき硬貨にこだわらず、自分の感性にしたがって、見返りを期待しない額の賽銭を納めたい。

賽銭箱
【さいせんばこ】

賽銭を納めるための丈夫な箱。賽銭箱に書かれる「浄財」とは、「見返りを求めずに寄付するお金」という意味。初詣の参拝客が多い神社では、正月期間だけ、超特大の賽銭箱を用意したりする。神棚に置くミニサイズの賽銭箱もあり、縁起物や貯金箱として人気。

歳旦祭
【さいたんさい】

毎年1月1日の朝に執り行われる中祭。新年を迎えたことを祝い、社会の平和、国家の隆昌と皇室のますますの発展を全国の神社で祈る。

財脈結縁
【ざいみゃくけつえん】

神社での参拝で、特別なご祈願をする場合のメニューのひとつ。お金や仕事に関する素晴らしいご縁が結ばれることを願う内容。例えば、起業するとき、新しいビジネスを成功させたいと願う場合などに用いる。

榊
【さかき】

神道にとって、なくてはならない大切な植物。聖域と日常の俗世界を分ける神聖な木で、「境木」が語源とされている。神域であることを示すため、鳥居や社殿に榊の枝をすえつけることも多い。また、神さまが宿る依代にもなるので、紙垂をつけて玉串にする。神楽舞では、舞うときに手に持つ採物にして、神さまを慰める。「天岩戸」の神話では、根っこから掘り出した榊に玉、鏡、布をつけて飾りつけ、岩戸の前に立てたという。みずみずしい榊は、家庭の神棚にも欠かせない。葉は濃い緑色で、表面には少し光沢がある。

幸魂
【さきみたま】

神さまには、自然災害や病気などを引き起こす、荒々しくおそろしい「荒魂」と、豊かな恵み、平和や安定を与える、穏やかで親しみのある「和魂」という、マイナスとプラスの側面があるとされる。和魂は、さらに「幸魂」と「奇魂」の2つに分けられ、幸魂とは人々に幸福を与える穏やかな力のこと。

鷺
【さぎ】

白くて美しい水辺の鳥で、倭 建 命の眷属とされる。倭建命は
東国を平定したヒーローだが、伊吹山の荒振神を討ち取りに
出かけた帰り道、足が動かなくなって、能煩野（現在の三重県）
で命を落とす。そのとき、白鷺になって天に飛び立ったという。

左義長
【さぎちょう】

どんど焼き

ドン

尊と
尊と

毎年1月15日の小正月に行う火祭りの伝
統行事。「どんど焼き」「鬼火たき」とも呼
ばれる。神社の境内、田んぼや空き地で、
門松や注連縄飾りなどの正月飾りや書き初
め、昨年のお神札やお守りを焚き上げる。
その火にあたったり、その火で焼いた餅や
団子を食べたりすると、厄除けになって
健康で過ごせるとされる。また、お正月
にやってきた年神さまを煙にのせてお
見送りするという意味もある。

佐渡島
【さどがしま】

新潟県佐渡市に属する人口5万人以
上の大きな島。「国生み」の神話で、
伊邪那岐神と伊邪那美神が生んだ
「佐度島」で、大八島国のひとつ。

関東勢 百万と候へ
男は一人もいなく候

日本一の兵

真田幸村
【さなだゆきむら】

安土桃山時代から江戸時代にかけての武将。最強の戦国
武将と称され、徳川家康を切腹寸前まで追い詰めたが、
あと一歩のところで討たれる。「勝運」などのご利
益で知られる長野県上田市に鎮座する眞田神社
などにご祭神としてまつられている。

さ

猿
【さる】

山の神の大山津見神や猿田毘古神などの眷属であり、また、古くから山を守る縁起のいい動物と思われていた。「さる」は「魔が去る」、「神猿」は「勝る」に通じるので、苦労やトラブルから逃れて幸せになるとされ、「えん」と音読みすれば「縁がある」に通じ、いいご縁に恵まれるといわれている。

猿田彦珈琲
【さるたひここーひー】

三重県伊勢市に鎮座する猿田彦神社に由来するコーヒー専門店。ロゴマークのデザイナーさんからアドバイスされ、この名前をつけることになった。

猿田毘古神
【さるたびこのかみ】

「天孫降臨」では、邇邇芸命が分かれ道で立ち往生していたとき、上の高天原から下の葦原中国までを照らして、道案内を買って出た。国つ神で、後に天宇受売命と結婚したといわれている。

山岳信仰
【さんがくしんこう】

山を神さまが宿る神聖な場所、祖霊が存在する大切な場所として崇拝する原初的な信仰のこと。神さまが鎮まる山は「神奈備」と呼ばれ、山そのものはもちろん、一木一草一石まで尊ばれる。また、仏教、神道、道教、儒教が結びついた修験道によって、多くの山が尊崇されるようになった。

三三九度
【さんさんくど】

神前結婚式で新郎新婦が盃を交わして契りを結ぶ伝統的な儀式。「三献の儀」「夫婦固めの杯」とも呼ばれる。小中大と大きさの異なる3つの盃で、3献ずつお神酒をいただく。小の盃は「過去」、中の盃は「現在」、大の盃は「未来」を意味する。

神さまと家族と縁を結ぶ

三社造り
【さんしゃづくり】

神棚（宮形）の種類のひとつで、お神札を納める社が3つあるタイプ。一社造りよりも横幅が広くなる。お神札は中央に神宮大麻、向かって右側に氏神神社、左側に崇敬神社のものを納める。さまざまなデザインのものがあり、また、社が5つある五社造り、7つある七社造りもあるが、多いほど格式が高くなるわけではない。神棚を置く場所のサイズに合わせて選べばいい。神棚を初めておまつりする場合、特に時期は定められていないので、自分の心がそうしたいと思ったときにおまつりするのが最適。

参集殿
【さんしゅうでん】

神社の境内にあり、さまざまな会合や集会を行うための多目的施設。大小の会場のほかに、食堂や喫茶室が併設されていることも多く、神社の規模によっては宿泊施設も備えている。

三種の神器
【さんしゅのじんぎ】

邇邇芸命が葦原中国に天下る天孫降臨の際、天照大御神が孫の邇邇芸命に授けた鏡と剣と玉の総称。代々の天皇により、皇位の印として継承される。鏡は「八咫鏡」といわれ、「天岩戸」の神話で、天照大御神が岩戸に隠れた際、外でみんなが楽しそうに騒いでいる様子を見ようと岩戸を少し開けて身を乗り出したときに差し出された鏡。剣は「天叢雲剣」で、別名「草薙剣」。「八俣大蛇」の神話で、須佐之男命が退治した八俣大蛇の尾から出てきたもの。玉は「八尺瓊勾玉」といわれ、「天岩戸」の神話で、八咫鏡とともに根っこから掘り出した榊にかけて、岩戸の前に立てたとされる。三種の神器は、決して誰も見ることはできない秘中の神器。

傘寿
【さんじゅ】

80歳の長寿を迎えた年祝いで、「八十寿」とも呼ばれる。「傘」という文字を略字で書くと「仐」となり、それが縦書きにした八十を重ねた形に見えるので、この呼び名がついた。

三大祭
【さんだいまつり】

全国の神社にはたくさんの祭礼があるが、その中でも日本を代表する三大祭といわれているもの。京都市東山区に鎮座する八坂神社で7月の1か月にわたって執り行われる「祇園祭」。大阪市北区に鎮座する大阪天満宮で6月下旬吉日から7月25日にかけて執り行われる「天神祭」。東京都千代田区に鎮座する神田明神で2年に1回、5月中旬に執り行われる「神田祭」。どの祭礼も古い歴史を持ち、規模が大きい。

参道
【さんどう】

鳥居から拝殿までの道のこと。参道には、小さな丸い石「玉砂利」が敷かれ、参道を清浄に保っている。「ジャリッ、ジャリッ」と玉砂利を踏みしめながら歩くと、自然と邪気が祓われて清らかな気持になる。

三方
【さんぼう】

折敷と呼ばれる四角形の盆の下に、胴と呼ばれる台がついたもの。神饌のほかに、お正月の鏡餅や十五夜の月見団子などのお供え用の台として使用する。胴の3方向には宝珠の形の穴があいており、神前には穴のない側を向けて供える。

穴がない方は神前

継ぎ目は手前

〔折敷〕

鹿
【しか】

古い時代の神鹿の絵画

「国譲り」の神話で、大国主神と国譲りの交渉をした建御雷之男神の眷属であり、また、同じ神話の中に、建御雷之男神の父神に天照大御神の伝言を届けに行った鹿の神、天迦久神も登場する。鹿は、天然記念物として保護されている奈良の鹿のように、昔から「神鹿」と呼ばれて大切にされた。神鹿が雲に乗って飛来する「鹿曼荼羅」と呼ばれる古い絵画も残されている。

式年祭
【しきねんさい】

2年ごと、7年ごと、12年ごと、25年ごと、50年ごとなど、毎年ではなく、特定の周期で執り行われる祭礼のこと。

式年遷宮
【しきねんせんぐう】

特定の周期で社殿などを新しくして、ご神体を今までとは別の本殿にお遷しすること。よく知られているのは、三重県伊勢市に鎮座する伊勢神宮の式年遷宮。20年ごとにすべての社殿を新しく建て直し、装束や神宝も新しく調製する。第63回は令和15（2033）年。

樒
【しきみ】

見た目がよく似ているので、混同されることが多い樒と榊だが、樒は仏教、榊は神道で用いられるまったく別の植物。仏式の葬儀で焼香の際に使う抹香は、樒を乾燥させて粉末状にしたもの。

悪霊を払う強い力がある

抹香

四国
【しこく】

徳島県、香川県、愛媛県、高知県からなる。「国生み」の神話で、伊邪那岐神と伊邪那美神が生んだ「伊予の二名島」で、大八島国のひとつ。

獅子舞
【ししまい】

獅子頭をかぶり、お囃子に合わせて舞い踊る伝統芸能であり、神事でもある。獅子舞は邪気を祓う踊りといわれ、獅子に頭をかまれると元気で健やかに過ごせるとされる。

♪ドンドコドン　ドンドンドン ♫

七五三
【しちごさん】

7歳、5歳、3歳に成長したことを祝う人生儀礼。男の子は3歳と5歳、女の子は3歳と7歳の年に、無事に育ったことに感謝し、これからの健やかな成長を祈るため、晴れ着姿で七五三詣をする。神社で祈願をすると、七五三ならではの縁起物の千歳飴を授かることもある。七五三の由来は、3歳から髪を伸ばし始める「髪置」、5歳で男の子が初めて袴をはく「袴着」、7歳で女の子が初めて帯を締める「帯解」という昔の風習による。

七福神
【しちふくじん】

縁起のいい福徳の神さまの集まり。室町時代、人気のあった神さまを組み合わせて生まれたと伝わる。恵比寿天、大黒天、福禄寿、毘沙門天、布袋、寿老人、弁財天がメンバーで、日本の神さまは恵比寿天だけ。ほかはヒンドゥー教や仏教などの神さまで、かなり個性的な集団。

四、五世紀前からこの顔ぶれじゃ

寿

地鎮祭
【じちんさい】

家屋の新築などで工事を始めるとき、その土地の守護神である大地主神と地域の守護神である産土神をおまつりして工事の報告をし、土地を祓い清め、安全に工事が終わることを祈る。一般的には、土地の中央の四隅に葉のついた青竹を立てて注連縄をはり巡らして聖域をつくり、その内側に榊に紙垂をつけた玉串を神籬として立て、神さまに降臨していただき、地鎮祭を執り行う。

紙垂
【しで】

榊の枝につけて玉串にする、また、御幣串につけて御幣にするなど、祓具として用いるヒラヒラとした紙。注連縄につけると、清浄な神域を象徴するものになる。特別な切り方や折り方でつくり、白川流、吉田流、伊勢流などの作法がある。宮沢賢治は「紙垂は稲妻を表わしているのだよ」と農学校の授業で生徒たちに教えていた。

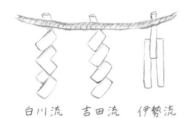

白川流　吉田流　伊勢流

忍手
【しのびて】

神道式の葬儀である神葬祭の拝礼で、音をたてずに拍手を打つこと。亡くなった方をしのぶ、静かな気持ちを表している。

注連縄
【しめなわ】

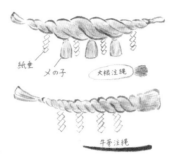

紙垂　〆の子　大根注連

牛蒡注連

稲わらを左巻きにした縄に、紙垂や稲わらでつくる房状の〆の子を垂らしたもの。神聖な場所であることを示し、そこから先に不浄は持ち込めない。神社の本殿や拝殿、ご神木などに取りつけているのをよく見かけるが、家庭の神棚にも用いる。いくつかの種類があり、代表的なのは大根注連と牛蒡注連。大根注連は真ん中が太くて、両端が細くなっているタイプ。大根注連より細い牛蒡注連は、片側が細く、もう片側が太くなっているので、神棚に向かって右側に太い側を取りつける。

笏
【しゃく】

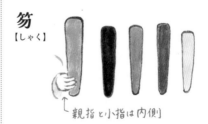

親指と小指は内側

神事の際、神職が威儀を整えるために持つ、櫟、椎、樫などの木材でつくられた長さ40cmほどの薄い板。持つのは右手。親指と小指を内側に、残りの3本の指は外側に置き、真っ直ぐに立てて持つのが決まり。

99

し 社号標
【しゃごうひょう】

神社の入口や鳥居の横に立っている、神社名を刻んだ大きな石柱。社号とは、神社名につける称号のことで、現在は「神宮」「宮」「大社」「神社」「社」「大神宮」の6種類がある。

社殿
【しゃでん】

神社の境内に設けられた主要な建物のことで、中心となる本殿のほかに、拝殿や幣殿、神楽殿などがある。社殿（主に本殿）の形式はいろいろあり、三重県伊勢市に鎮座する伊勢神宮の正宮に代表される「神明造」と、島根県出雲市に鎮座する出雲大社の本殿に代表される「大社造」に大別される。神明造から変化した「流造」は、正面の屋根が長く延びているのが特徴で、現在ではほとんどの神社がこの形式。神社建築という目線で社殿を観察してみると、違いがわかって、より奥深い興味がもてる。

流造　最も多い形式

十五日参り
【じゅうごにちまいり】

毎月15日、今月の半分を無事に過ごせた感謝と、残りの半月も無事に過ごせるように願って神社に参拝する古くからの風習。続けていくと、神さまをより身近に感じられる。

十三参り
【じゅうさんまいり】

知恵詣

祝十三歳

男の子も女の子も数え年で13歳になったときに行う人生儀礼。無事に育ったことに感謝し、健やかな成長とたくさんの知恵を授かるように祈るので「知恵詣」とも呼ばれる。小学校を卒業して中学校に入学するまでの春休みの間に参拝することが多い。

熟饌
【じゅくせん】

神さまにお供えする神饌（p109）のうち、生のものではなく、私たちの食事と同じように煮炊きしたもの。炊いたご飯、加工した餅や酒は熟饌になる。

修験道と山伏
【しゅげんどうとやまぶし】

修験道とは、飛鳥時代の役行者によって開かれた、仏教、神道、道教、儒教が結びついた日本独自の山岳信仰で、実修実験の道のこと。山伏とは、聖なる山々に分け入って修験道の修行を重ね、霊験を悟ろうとする修験者のこと。

主神
【しゅしん】

神社には複数の神さまがご祭神としてまつられているが、その中でも中心になる神さまのこと。「主祭神」とも呼ぶ。

修祓
【しゅばつ】

神道の祭事の前に、神職が行う心身の罪穢を祓う儀式のこと。まず祓詞を奏上し、次に大麻を参拝者の頭上で左右左の順に振って祓い清める。

呪物
【じゅぶつ】

ご神霊が宿るとされるお神札やお守り、絵馬、縁起熊手など。特別な力に守られるので、危険や災難が避けて通り、幸せになると信じられている。

授与所
【じゅよしょ】

お神札やお守り、絵馬、おみくじなどを授与する建物。神社によっては、祈願や御朱印なども受け付けている。

神さまのご加護を授かるところ

し 授与品
【じゅよひん】

お神札やお守り、絵馬、破魔矢、土鈴、鈴など、神社の授与所などでお頒ちされているもの。神社によって、種類やデザインはいろいろ。

修理固成
【しゅりこせい】

「国生み」の神話に出てくる言葉。伊邪那岐神と伊邪那美神は、高天原の神々から、「是のただよへる国を修理 固成せ」との命令を受ける。そこで、天浮橋に立ち、天沼矛でオノゴロ島を生む。「修理固成せ」は「あるべき姿に修理して、固めなさい」という意味。

寿老人
【じゅろうじん】

七福神の一柱で、中国の神さま。寿命をつかさどる南極星の化身「南極老人」とも呼ばれる。長寿のシンボルである鹿を連れ、手には巻物をくくりつけた杖、うちわや桃などを持った姿をしていて、「長寿」「延命」の神さまとして人気。

浄闇
【じょうあん】

神事を行う際の、清浄で穢のない暗闇のこと。昼間とはまったく異なる、闇と松明の灯が織り成す神秘的で厳かな雰囲気が漂う。

浄階
【じょうかい】

神社本庁に所属する神社で役職を得るためには資格が必要で、その資格には5つの階位がある（p108）。最高位の浄階は、神道の研究に長年貢献した人だけが受けられる特別な名誉階位。

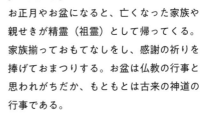

小祭
【しょうさい】

神社の神事は、大祭、中祭、小祭に分けられる。小祭は大祭と中祭以外のもの。毎日早朝に神さまに神饌をお供えし、日々の感謝と今日の平穏を祈る「日供祭」、毎月1日や15日などに行う「月次祭」、大晦日の夜に行う「除夜祭」などがある。

菖蒲湯
【しょうぶゆ】

5月5日の端午、菖蒲の節句には、香り豊かな菖蒲の葉を湯船に浮かべる菖蒲湯に入り、邪気祓いをする風習がある。また、菖蒲の葉を鉢巻のようにして頭に巻くと、厄が落ちて頭がよくなるといわれる。

頭よくなる～♪

しょうぶだ！

浄明正直
【じょうみょうせいちょく】

神道でとても大切にされている生き方の心得を示す言葉。「浄き明き正しき直き心」のことで、「浄」は清らかで穢れのない心、「明」は明るく爽やかな心、「正」はうそ偽りのない心、「直」は素直な心と、それぞれの文字に意味がある。「浄階」「明階」「正階」「直階」といった神職の階位にも使われている。

精霊
【しょうりょう】

お正月やお盆になると、亡くなった家族や親せきが精霊（祖霊）として帰ってくる。家族揃っておもてなしをし、感謝の祈りを捧げておまつりする。お盆は仏教の行事と思われがちだが、もともとは古来の神道の行事である。

昭和祭
【しょうわさい】

毎年4月29日の第124代昭和天皇の誕生日に執り行われる中祭。大戦後の日本の復興と発展を導いた天皇陛下の大業を仰ぎ、皇室の繁栄、国家の平和と発展を願って全国の神社で祈る。

昭和の日
【しょうわのひ】

4月29日の国民の祝日。法律では、「激動の日々を経て、復興を遂げた昭和の時代を顧み、国の将来に思いをいたす」と趣旨が規定されている。昭和天皇の誕生日で、平成19（2007）年に制定された。平成元（1989）年から平成18（2006）年までは「みどりの日」だった。

諸縁吉祥
【しょえんきっしょう】

神社での参拝で、特別なご祈願をする場合のメニューのひとつ。今あるさまざまなご縁がさらなる開運や幸福をもたらすことを願う内容。また、これまでにご縁を結んだたくさんの方の幸せを願い、そのご縁がますますよきものになるように願うことでもある。

し 助勤巫女
【じょきんみこ】

アルバイト勤務の巫女のこと。神社では、アルバイトとはいわず、「助勤」という言葉を使う。巫女装束を身につけて、授与所でお神札やお守りを授けたり、参拝客でにぎわう年末年始には甘酒をふるまったりする。

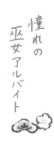

諸国一の宮御朱印帳
【しょこくいちのみやごしゅいんちょう】

日本各地の一の宮の御朱印専用の美しい和綴じで和紙使用の軽量な御朱印帳。一の宮巡拝会の東京事務局で購入できる。

除災招福
【じょさいしょうふく】

神社での参拝で、特別なご祈願をする場合のメニューのひとつ。予期せぬ災難を除け、福徳がやってくることを願う内容。何か心配ごとがあるとき、辛いことが続いたときなど、除災招福のご祈願を受け、お祓いするといい。

除夜祭
【じょやさい】

毎年12月31日の大晦日の夜に執り行われる小祭。除夜とは、その年の最後の晩のこと。一年間を無事に過ごせたことに感謝し、平和で幸多き新年を迎えられるように全国の神社で祈る。

さる年　　くる年

しるしの杉
【しるしのすぎ】

京都市伏見区に鎮座する伏見稲荷大社では、2月最初の午の日に執り行われる「初午大祭」のときに授与される。平安時代から参詣した「しるし」として稲荷山の杉の小枝を身につけることが盛んになった。現在では、串に杉の小枝、お多福の面、紙垂がつけられ、これを授かると「家内安全」「商売繁昌」のご利益があるとされている。

白い装束
【しろいしょうぞく】

神職が神事の際に身につける服装を「装束」と呼ぶ。昭和祭や明治祭などの中祭では、神職の身分に関わらず、礼装（斎服）という紋が入っていない白い装束を着用する。神社の境内で白い装束姿の神職たちが参進していたら、それは中祭を意味する。一方、神社での普段着は、白衣に紫色や浅黄色など神職の身分に応じた色の袴を着用するのがほとんど。よく耳にする「白装束」は、仏式の葬儀で亡くなった人が身につける服装のことで、四国八十八か所の寺院をまわるお遍路さんも白装束の姿をしている。

し しわす役＝広瀬アリス
【しわすやく＝ひろせありす】

映画『巫女っちゃけん。』では、父親が宮司の神社で、巫女のアルバイトをしながら就職活動をする主人公のしわすを演じた。「クランクインの1週間前から撮影現場に入り、巫女の所作や神楽舞の練習を毎日した」と語っている。撮影場所は、福岡県福津市に鎮座する宮地嶽神社。

心願成就
【しんがんじょうじゅ】

神社での参拝で、特別なご祈願をする場合のメニューのひとつ。心から強く望んでいることが叶うように願う内容。ご祈祷のメニューにはたくさんの種類があるので、迷ってひとつに絞りきれない場合には、オールマイティーな心願成就を選ぶといい。

神祇歌
【じんぎか】

神さまに奉納したり、神社に参拝した際に詠んだりする和歌のこと。神祇は「天神地祇」の略で、天つ神と国つ神を指す。神さまは和歌が好きだと考えられていたので、たくさんの神祇歌が詠まれた。

神宮
【じんぐう】

三重県伊勢市に鎮座する伊勢神宮は、親しみを込めて「お伊勢さん」と呼ばれるが、正式には神宮と称する。日本人みんなの先祖となる大御祖神の天照大御神をおまつりする、五十鈴川のほとりにある「内宮」（正式には皇大神宮）と、農業や漁業のほか衣食住など産業の守り神である豊受大御神をおまつりする、市街地にある「外宮（正式には豊受大神宮）」を始め、14の別宮、43の摂社、24の末社、42の所管社があり、これら125の宮社すべてが神宮。

神功皇后
【じんぐうこうごう】

第14代仲哀天皇の皇后で、第15代応神天皇の母。男装して軍を率い、朝鮮半島に渡って韓国の三国を治めた。このとき妊婦だったので、卵型の美しい2個の石を身に抱いて、出産の延期と子の安全を祈ったという。帰国後、無事に応神天皇を出産。この石は「鎮懐石」と呼ばれ、福岡県糸島市に鎮座する鎮懐石八幡宮にまつられている。

神宮大麻
【じんぐうたいま】

三重県伊勢市に鎮座する伊勢神宮で発行されるお神札のこと。お正月前の年末に、全国の神社を通してお頒ちされる。家庭の神棚におまつりして、日々の感謝や家族の幸せを祈る。大きさ違いで3種あるが、サイズによってご神徳が異なることはないので、神棚の大きさに応じて選ぶといい。

神宮暦
【じんぐうれき】

三重県伊勢市に鎮座する伊勢神宮で作成している暦。全国の神社を通してお頒ちされる。二十四節気、日の出日の入り、干潮満潮、時季に合わせた農事の指南、全国の神

社の祭典日などが掲載され、「大暦」とコンパクト版の「小暦」の2種がある。神宮歴の前身である「伊勢暦」は、伊勢の御師が神宮大麻と一緒に全国に配り歩いたおかげで、各地で知られるようになり、お伊勢参りのおみやげとしても人気だった。

神具7点セット
【しんぐななてんせっと】

家庭の神棚には、米、酒、塩、水の神饌をお供えし、榊をお飾りするが、その際には専用の白い陶器の祭器具を用いる。使うのは、米と塩はともに「平瓮（白皿）」、酒は2個の「瓶子」、水は「水玉」、榊は2個の「榊立て」で、計7点の神具セット。神饌は三方または折敷にのせるとさらにいい。

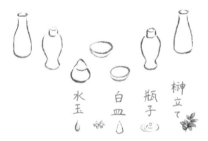

水玉　　白皿　　瓶子　　榊立て

神幸
【しんこう】

神社の例祭などで、いつもは神社に鎮座しているご祭神が、神輿や鳳輦にのって、氏子たちが暮らす地域をお渡りになること。

神事
【しんじ】

祭祀、祭典ともいわれる。全国の神社で執り行われる神事は、大祭、中祭、小祭に分けられる。

神社
【じんじゃ】

神道の神々をおまつりするための神聖な施設。神社の境内には、神さまが鎮座する本殿、参拝者が祈る拝殿、神楽の舞台となる神楽殿、神社の事務を扱う社務所、縁起物をお頒ちする授与所、会合や集会を開く参集殿、心身を祓い清める手水舎などが建ち、入り口には鳥居が立つ。境内の周囲には、うっそうとした鎮守の森（杜）があることが多い。現在、全国には8万社以上の神社がある。

神さまをお迎えしてまつる場所

鎮守の森

神社アロマ
【じんじゃあろま】

神社をテーマにしたアロマが人気になっている。神社をイメージしたアロマブレンドの精油、ご神木の香りの精油などを「香りのお守り」として授与所でお頒ちしている神社もある。有名なのは、大分県宇佐市に鎮座する宇佐神宮の「くすの香」というくす精油。すがすがしい香りで身も心も清められる。

ご神木の

香りのお守り

し

神社検定／神道文化検定
【じんじゃけんてい／しんとうぶんかけんてい】
神社本庁監修の検定。神社や神道についての正しい知識を学ぶことで、日本のこころを再発見できる。初級、参級（3級）、弐級（2級）、壱級（1級）があり、試験は年1回、例年6月に実施される。

日本のこころを学ぶ

神社拝詞
【じんじゃはいし】
神社をお参りするとき、ご神前で奏上（そうじょう）する拝詞。全文はp120に掲載。

神職
【しんしょく】
神職には、3種の格付けがある。まず、神社での役職「職階（しょっかい）」で、宮司、権宮司（ごんぐうじ）、禰宜（ねぎ）、権禰宜（ごんねぎ）、出仕（しゅっし）。神職になるための基礎的な資格「階位（かいい）」には、浄階、明階（めいかい）、正階（せいかい）、権正階（ごんせいかい）、直階（ちょっかい）。また、神職としての経験や功績に応じて与えられる「神職身分」には、特級、一級、二級上、二級、三級、四級があり、装束（しょうぞく）はこの神職身分によって区別されている。

そうじも本仕

神さまと人の仲を取り持つ

神職資格取得通信課程
【しんしょくしかくしゅとくつうしんかてい】
全国で唯一、一般財団法人大阪国学院が「通信教育」による神職養成を行っている。自宅学習で資格（階位（かいい））取得を目指せるのだが、誰でも気軽に受講できるわけではない。階位取得後に奉職する神社が決まっていて、その神社が鎮座する都道府県神社庁長の推薦も必要。さらに、学期中の試験は学院で受け、実習を修了する必要もあるなど、すべてが自宅学習というわけにはいかないが、すでに仕事に就いているなどの理由で、大学や養成所に通えない人にはうれしい選択肢だ。

神職養成所
【しんしょくようせいじょ】
高校を卒業した後、神社が運営する神職養成所で学び、階位（かいい）（資格）取得を目指すこともできる。実家が神社などの関係者が多く、また、必ず神職になるという強い志も必須。伊勢神宮が運営する神宮研修所、出雲大社が運営する大社國學館（たいしゃこくがくいん）などの養成所がある。

人生儀礼
【じんせいぎれい】

おめでとう

人生において心身の節目となる大切な日に、神社に参拝して神さまに感謝を伝え、これからの無事をお祈りする。帯祝い／着帯（ちゃくたい）の祝い、お七夜（しちや）、初宮詣（はつみやもうで）、お食い初め、初節句、一升（いっしょう）もち、七五三、十三参り（じゅうさんまいり）、成人式、厄年（やくどし）のほかに、還暦（かんれき）、古希（こき）、喜寿（きじゅ）、傘寿（さんじゅ）、米寿（べいじゅ）、卒寿、白寿（はくじゅ）などの年祝いもある。

神饌
【しんせん】

神さまにお供えする食事のこと。御饌（みけ）とも呼ばれる。米、酒、餅、海魚、川魚、野鳥、水鳥、海菜、野菜、菓子、塩、水のほかに、季節のものや地域の特産品も捧げられる。生のものは「生饌（せいせん）」、煮炊きしたものは「熟饌（じゅくせん）」。神饌のおさがりは、みんなで分けあっていただく。

熟饌

神前結婚式
【しんぜんけっこんしき】

神社や結婚式場の神殿で、神道のしきたりに沿って行われる結婚式のこと。修祓、祝詞奏上（のりとそうじょう）、三三九度、誓詞奏上（せいしそうじょう）、玉串奉奠（たまぐしほうてん）などの儀式を通じて、神さまのご加護に感謝し、これから先の人生を夫婦仲よく力を合わせて歩むことを報告する。また、近年は折り鶴シャワーや水合わせの儀など、神前結婚ならではのセレモニーも人気。

神葬祭
【しんそうさい】

神道式で行われる葬儀のこと。神社ではなく、神職にきてもらって自宅や斎場で行うのが一般的。家族が亡くなった場合には、神さまに誰が亡くなったのかお伝えしてから、神棚封じ（かみだなふう）をする。また、仏式の焼香（しょうこう）やキリスト教式の献花に相当する玉串奉奠（たまぐしほうてん）では、音を立てずに拍手をする忍手（しのびて）で故人をしのぶ。当たり前だが数珠（じゅず）は不要。

神体
【しんたい】

神さまが宿っている神聖なもの。古代の日本では、山、岩、木、海、川、滝などの自然をご神体と考え、その場所に神社を建ててきた。また、鏡、玉、剣、御幣（ごへい）といった自然以外の造形物にも神が宿るとされている。ご神体の種類は神社によってさまざまだが、共通しているのは本殿におまつりされた神聖なものということ。一般の参拝で気軽に見ることはできない。

神道の神々
【しんとうのかみがみ】

神道の神々は、その数の多さから八百万（やおよろず）の神といわれる。海の神、山の神、風の神、雷の神、星の神、月の神のような自然の神々に、農業や漁業、衣食住や産業の神々。よく知られたトイレの神さまもいれば、古い道具に宿る付喪神（つくもがみ）もいる。さらには、国のために尽くして偉業を成し遂げた歴史上の偉人、子孫を見守るご先祖さまも神さまとしてまつられている。『古事記』『日本書紀』の中にも、実にたくさんの神々が登場する。

神徳
【しんとく】

神さまの厳かなる功徳のこと。ご神徳は、人々に敬われると、ますます霊験を発揮する。参拝のときにご祈願をするのは、神さまのご神徳をいただくためであり、それを「ご利益」という。例えば、家内安全や商売繁昌など、神さまによって得意とする分野は異なる。

心御柱
【しんのみはしら】

三重県伊勢市に鎮座する伊勢神宮の内宮と外宮のそれぞれの正殿の床下中央に、構造上はまったく必要ないのに深く埋め込まれている柱のこと。神さまの御霊が宿る神籬であり、とても神聖で大切なものである。浄闇の中、心御柱の用材を切り出す「木本祭」など、心御柱にまつわる秘密の神事には、ごくわずかな限られた人のみ関わることができる。

神仏習合
【しんぶつしゅうごう】

神道と仏教と調和させて、一体であると考える思想。仏が主で神が従の「本地垂迹説」と、神が主で仏が従の「反本地垂迹説」がある。

神仏分離
【しんぶつぶんり】

明治元（1868）年、神道国教化政策によって、明治政府は奈良時代から続いた神仏習合を禁止して、神道と仏教を明確に分けることにした。その結果、各地で廃仏毀釈が起こった。

神宝
【しんぼう】

神社の本殿に納められている、ご祭神にゆかりのある装束、調度品、鈴、琴、鏡、玉、剣などの宝物のこと。特に有名なものに、三種の神器、十種神宝がある。

宝剣

玉手箱

杏

神木
【しんぼく】

神さまの依代になる特定の聖なる木。また、樹齢の長いものなど、神社を象徴する神聖な木を指す場合もある。

人脈結縁
【じんみゃくけつえん】

神社での参拝で、特別なご祈願をする場合のメニューのひとつ。仕事でもプライベートでも、この先素晴らしい良縁に恵まれることを願う内容。人脈の幅を広げたい時などにおすすめ。

神武天皇
【じんむてんのう】

日本の初代天皇。天照大御神の五世の孫。高千穂宮（現在の宮崎県）で兄の五瀬命ら兄弟と話し合い、天下を平定するために東征へと出かける。数々の大きな戦いを経て、大和（現在の奈良県）を平定し、畝傍山のふもとに橿原宮（現在の奈良県橿原市に鎮座する橿原神宮）で即位し、日本を建国した。

神武東征
【じんむとうせい】

代表的な『古事記』の神話。初代神武天皇が日向（現在の宮崎県）からさまざまな困難を乗り越えて東に向かい、大和を平定して建国を果たすまでの物語。

神明
【しんめい】

天照大御神のこと。また、「天地神明に誓う」という言葉があるように、単に神さまというプレーンな意味でも使われる。

神馬牽参
【しんめけんざん】

三重県伊勢市に鎮座する伊勢神宮の内宮と外宮には、それぞれ神さまがおのりになる神馬がいる。その神馬が毎月1日、11日、21日に内宮と外宮の2つの正宮に出かけて参拝する、その儀式のこと。

神紋
【しんもん】

神社で装飾などに用いられる固有の紋章。勾玉が渦を巻いたような形の「巴紋」、桐の葉や花の「桐紋」のほかに「菊紋」「梅紋」などが有名。

ずいき祭
【ずいきまつり】

京都市上京区に鎮座する北野天満宮で毎年10月1日から5日までの間に行われる京都を代表する秋祭り。「ずいき（里芋の茎）」で屋根をつくり、稲穂、野菜、栗や柿などの果物で飾った美しい神輿で巡行する。

崇敬神社
【すうけいじんじゃ】

生まれ育った土地の神社や、現在暮らして
いる地域に鎮座する神社とは別に、個人的
に崇敬する神社のこと。

菅原道真
【すがわらのみちざね】

平安時代の貴族、学者、政治家。右大臣に
まで出世したが、謀反を計画したという無
実の罪で九州の大宰府へ左遷されたまま、
没する。学問の神さまとされる菅原道真公
は、福岡県太宰府市に鎮座する太宰府天満
宮、京都市上京区に鎮座する北野天満宮な
どにご祭神としてまつられている。

少名毘古那神
【すくなびこなのかみ】

別天つ神である神産巣日神の指の間から生
まれた子。「国づくり」の神話では、ガガ
イモの舟に乗り、ヒムシ（蛾）の皮の着物
を身につけて大国主神のところにやって
くる。一緒に国づくりをした後、海の向こ
うにある常世国に帰っていく。

須佐之男命
【すさのおのみこと】

伊邪那岐神が黄泉の国の穢を洗い流したと
きに誕生した。海原を治めるように言われ
るが、それを断って伊邪那岐神に追放され
る。天照大御神のいる高天原からも追放
され、葦原中国の出雲に天下る。そこで
八俣大蛇を退治して、すがすがしい心と
なり、櫛名田比売と結婚する。

鈴
【すず】

神社によっては、拝殿前の賽銭箱の上に大
きな鈴をつるしている。鈴には紅白や五色
の鈴緒がつけられ、賽銭を納めた後、これ
を振って鈴を鳴らし、2拝2拍手1拝をす
る。すがすがしい鈴の音色は参拝者を祓い
清めるだけでなく、ご神霊を招くサインの
ようなもの。巫女が神楽舞を舞うときに鳴
らす神楽鈴に
も、同じ意味
がある。お守
りや土鈴など
の授与品の鈴
は、魔除け、
厄除けのため
につけるとさ
れる。

112

煤払い
【すすはらい】

毎年12月13日に、煤を払って掃除をし、お正月に年神さまを迎える準備を始める年中行事。「事始め」「正月迎え」とも呼ぶ。この日は新品の掃除道具を使い、家庭では最初に神棚の煤を払った後、台所、トイレ、玄関などそれぞれの部屋の掃除をする。本来は笹竹の先に葉や藁をつけた掃除用の道具を用い、すぐには処分せず、小正月1月15日の左義長でお焚き上げする地域もある。

十二月十三日

須勢理毘売
【すせりびめ】

大国主神と恋に落ちて結婚した女神。父は須佐之男命。「根の国訪問」の神話では、父神から虫攻めや火攻めなどの試練を受ける大国主神に、須勢理毘売が「領巾」という呪力のある薄い布を授けて救う。「妻問い」の神話では、大国主神が別の女性に求婚したことに激しく嫉妬する姿が描かれている。

また別の女〜

これを使うのじゃ！

嫉妬　加勢

スーツとネクタイ
【すーつとねくたい】

神職が神社に出勤するときは、一般の会社員と同様に男性はスーツとネクタイ、女性もスーツやスーツに準ずる服装で通っている。神職の姿のまま、私用で境内の外に出かけることはまずないという。

出勤中

奉仕中

崇徳天皇
【すとくてんのう】

平安時代の第75代天皇。和歌の名人であり、小倉百人一首には名歌が残されている。実父である鳥羽上皇から我が子でないと疑われ、実弟の後白河天皇との政権争いに敗れる。その後、讃岐（現在の香川県）に流され、京に戻れぬまま失意のうちに憤死する。歴史上最強の怨霊のひとり。「スポーツの守護神」「武道上達の神」「上昇気運の神」などで知られる京都市上京区に鎮座する白峯神宮などにご祭神としてまつられている。

住吉大社
【すみよしたいしゃ】

大阪市住吉区に鎮座する、全国に約2300社ある住吉神社の総本社。摂津国一宮。親しみを込めて「すみよっさん」と呼ばれる。おとぎ話の「一寸法師」は住吉大社の加護により授かった子ども。境内の神池にかかる反橋は、太鼓橋とも呼ばれて住吉大社の象徴になっている。毎年7月30日から8月1日の3日間執り行われる住吉祭も有名。

住吉祭
【すみよしまつり】

大阪市住吉区に鎮座する住吉大社で、毎年7月30日から8月1日までの間に行われる大阪を代表する夏祭り。毎年7月、海の日（7月の第3月曜日）に「神輿洗神事」、30日に「宵宮祭」、31日に「夏越祓神事・例大祭」、8月1日には御霊をうつした神輿が堺市の宿院頓宮まで巡行し、大阪中を清める。

相撲
【すもう】

〜 横綱の由来は白麻で編んだ注連縄 〜

「国譲り」の神話で、天つ神の建御雷之男神と、大国主神の子の建御名方神が力競べをするが、それが相撲の始まり。その後、その年の豊凶を占う年占や、神さまへの奉納として行われるようになった。現在では、本場所初日の前日、神さまを土俵におろす「土俵祭」が執り行われる。祝詞を奉上し、場所中の安全と成功、国家安泰、五穀豊穣、子孫繁栄などを祈る。その際、神さまへのお供えものとして、土俵中央の穴の中に塩、昆布、するめ、勝栗、洗米、かやの実などの縁起物が納められる。取組前の拍手や四股は、土俵の邪気を祓う儀礼の一種。

諏訪大社
【すわたいしゃ】

長野県諏訪市に鎮座する「上社本宮」、茅野市の「上社前宮」、下諏訪町の「下社春宮」「下社秋宮」の四社の総称で、全国に約1万社以上ある諏訪神社の総本社。信濃国一宮で、最古の神社のひとつ。平安時代から続く、7年目ごとの御柱祭で知られる。四社それぞれに御朱印があり、四社御朱印を受けるとありがたい記念の品をいただける。

正階
【せいかい】

神社本庁に所属する神社で役職を得るためには資格が必要で、その資格には5つの階位がある（p108）。正階になったら、一般的な神社の宮司や、社格の高い神社の宮司代務者や禰宜につける。

制札
【せいさつ】

神社の入り口に立つ、神域としての神社での禁止事項が記された札。内容は、「車馬を乗り入れること」「魚鳥を捕ること」「竹木を伐ること」の3箇条。当世にはそぐわない内容もあるが、連綿と受け継がれてきた歴史を感じる。

これは禁止

正式（祈願含）参拝
【せいしき（きがんふくむ）さんぱい】

特別なお願いのとき

神社への参拝には、「正式（祈願含）参拝」と「一般の参拝（社頭参拝）」がある。初宮詣や七五三など人生儀礼の際の参拝や、心願成就や悪疫退散、諸縁吉祥など特別なお願いごとがある際の参拝では、社殿に上がって神さまにお祈りをする。事前に神社に申し込みをする必要がある。詳細はp16～17に掲載。

清浄
【せいじょう】

清浄とは清らかで清潔という意味だが、神道では、清浄であることは生命力に満ちた状態をつくり出すと考える。その反対は、生命力が減退した「穢」。神さまは清浄なところが大好きだ。だから、神社はいつも清浄に保たれているし、特に清浄であるべき場所には注連縄をはる。同様に、家庭や自分自身も普段から清浄にしておけば、神さまとより近づけるようになる。

成人式
【せいじんしき】

満20歳に成長したことを祝う人生儀礼。無事に大人の仲間入りができたことを感謝し、これからの幸せを祈るため、晴れ着姿で神社に参拝する。また、1月第2月曜日の成人の日の祝日には、各地方自治体が祝福の祭典を催す。

前撮りの 参拝と 記念撮影

瀬織津比売
【せおりつひめ】

大祓詞に登場する、あらゆる罪穢を祓ってくれる祓戸四神の一柱。瀬織津比売が罪穢を川から海へと流したら、その後は速開都比売、気吹戸主神、速佐須良比売が見事な連携プレーで罪穢を捨て去ってくれる。

摂社と末社の違い
【せっしゃとまっしゃのちがい】

どんな神さまがおまつりされているのかな？

地主神

祭神と縁故の神

神社の本殿とは別にある、小さなお社のこと。現在、摂社と末社に明確な違いは設けられていない。明治時代から戦前までの間は、摂社にはご祭神とゆかりの深い神さまや、ご祭神が鎮座する以前にまつられていた地主神など、末社にはそれ以外の神々をおまつりするという決まりがあった。

生饌
【せいせん】

神さまにお供えする神饌（p109）のうち、煮炊きしたものではなく、生のもの。米、海魚、川魚、野鳥、水鳥、海菜、野菜などは生饌になる。

生のままの神さまの食事

節分
【せつぶん】

季節の節目になる特別な暦日、雑節のひとつ。立春、立夏、立秋、立冬の前日のことで、年4回ある。立春前日の節分（2月3日頃）は、旧暦では大晦日に相当する重要な日だったので、この日のみを節分と指す場合が多くなった。

節分祭
【せつぶんさい】

季節の分かれ目は、とかく心身の調子を崩しがち。昔から、それは「邪気や災厄が入りやすい時季だから」と考えられてきた。立春前日の節分の日に邪気や災厄を祓い、身心ともに健やかに新春を迎える神事として、節分祭を行う神社は多い。「鬼は外、福は内」と豆をまく、おなじみの福豆まきのほか、特別な厄払いの祈願を執り行ったり、節分祭限定のお神札やお守りなどがお頒ちされたりする。

遷御
【せんぎょ】

神社やご神体を別の場所にお遷しすること。例えば、三重県伊勢市に鎮座する伊勢神宮の式年遷宮では、ご神体を真新しい社殿に移す「遷御の儀」が、浄闇の中で執り行われる。

遷宮
【せんぐう】

神社の本殿を改築や修理し、ご神体を別の場所にお遷しすること。特定の周期で行う遷宮を式年遷宮という。新しくすることで、常に神さまには清浄なところでお鎮まりいただける。

せ

千本鳥居
【せんぼんとりい】

京都市伏見区に鎮座する伏見稲荷
大社のお山への参道に奉納された
鳥居が二股に建ち並ぶあたりが、
千本鳥居といわれている。その神
秘的な光景は世界的にも有名。

造化三神
【ぞうかさんしん】

世界が天と地に分かれて開けた天地開闢の
とき、高天原に現れ出た三柱の神さまのこ
と。別天つ神でもある。天之御中主神、
高御産巣日神、神産巣日神。

底筒之男命
【そこつつのおのみこと】

「禊祓と三貴子」の神話で、伊邪那岐神が
中の瀬の「水の底」で禊をしたときに生ま
れた神さま。大阪市住吉区に鎮座する住吉
大社などにご祭神としてまつられている。

祖先神
【そせんしん】

祖霊はやがて祖先神になり、守
護神として子孫の生活を見守っ
てくれる。例えば、皇室の祖先
神は天照大御神、中臣（藤原）
氏の祖先神は天児屋命、諏訪氏
の祖先神は建御名方神などが
有名。

建御名方神　天照大御神　天児屋命

諏訪氏　藤原氏

118

そ

盆や正月に帰ってくるご先祖さま

家族で迎える

祖霊
【それい】

家族や親族など、血縁関係のあるご先祖さまの御魂のこと。春と秋の彼岸には墓参りをして、感謝を伝えることはとても大切。また、お正月とお盆には家族のもとにかえってくる。お盆のときは祖霊舎の前に盆棚を設け、神饌や季節の食べものなどをお供えし、ナスの牛やキュウリの馬を飾る。迎え火や送り火も焚く。

祖霊舎
【それいしゃ】

家族や親族、ご先祖さまの祖霊（御魂）をおまつりする家庭用の祭壇で、仏式の仏壇のようなもの。「御霊屋」とも呼ばれる。神宮大麻、氏神神社、崇敬神社のお神札を納める神棚とは別のもの。祖霊舎の中には、霊号の文字を書き入れた「霊璽」を納める。霊璽は仏式の位牌にあたるもので、御魂の依代となる。

祖霊崇拝
【それいすうはい】

日本人は古来、人は亡くなっても御魂は決して滅びるものではなく、この世にとどまって、いつまでも子孫の幸福を見守っていると考えてきた。だからこそ、祖霊をおまつりしてきたのである。

祖霊拝詞
【それいはいし】

家庭で祖霊舎をお参りするときに奏上する拝詞。拝詞とは祝詞の一種。祖霊舎の前に立ち、2拝してから祖霊拝詞を奏上し、その後、2拝2拍手1拝する。全文はp152に掲載。

Jinja haishi

神社拝詞

掛けまくも畏き

○○神社（参拝神社名）の大前を拝み奉りて

恐み恐みも白さく

大神等の廣き厚き御恵を辱み奉り

高き尊き神教のまにまに

天皇を仰ぎ奉り

直き正しき真心をもちて

誠の道に違ふことなく

負ひ持つ業に励ましめ給ひ

家門高く身健に

世のため人のために尽さしめ給へと

恐み恐み白す

＊p108ページ参照。

た

体
【たい】

お神札やお守りは、1枚や1個ではなく、一体、二体と数える。神社のご祭神のご神霊が宿った神聖なものなので、お神札やお守りは単なる物品のようには扱わない。特別な数え方をして、敬意をあらわす。

大黒天
【だいこくてん】

七福神の一柱で、インドのマハーカーラ（シヴァ神）と日本の大国主神が習合して生まれた神さまとされる。福がたっぷり詰まった大きな袋を左肩に背負い、右手には恵みを生み出す打ち出の小槌を握りしめ、頭巾をかぶって米俵の上に立つ姿はいかにも福々しい。「五穀豊穣」「財運福徳」「縁結び」の神さまとして人気。

マハーカーラと大国主神の習合神

我も大黒天

大権現
【だいごんげん】

昔に用いられていた神号（神さまにつける称号）。大権現や権現は、仏教の仏さまの仮の姿が日本の神さまとする、仏が主で神が従の「本地垂迹説」による神号なので、明治時代に神仏分離が進んでからは使用されなくなった。徳川家康公の神号である東照大権現は有名。

大祭
【たいさい】

神社の神事は、大祭、中祭、小祭に分けられる。大祭は最も重要な神事。代表的なものは、年1回執り行われる各神社にとって由緒ある「例祭」、毎年2月17日の春祭り「祈年祭」、毎年11月23日の秋祭り「新嘗祭」の三大祭。ほかには、2年ごと、20年ごとなど特定の周期で執り行われる「式年祭」、新しい神社にご祭神が初めて鎮座するときの「鎮座祭」、新しくなった社殿にご祭神を遷す「遷座祭」、ご神霊を合わせておまつりする「合祀祭」、ご祭神を分霊する「分祀祭」がある。

大社
【たいしゃ】

社号（神社名につける称号）のひとつ。昔は、「大社」と称して、島根県出雲市に鎮座する出雲大社のことを指していた。また、

明治時代から戦前の間も出雲大社だけが大社の社号を使っていた。戦後以降は、住吉大社、諏訪大社、春日大社、伏見稲荷大社、熊野本宮大社、熊野速玉大社、熊野那智大社といった、規模の大きな神社で用いられている。

大社造
【たいしゃづくり】

島根県出雲市に鎮座する出雲大社の本殿に代表される神社建築の形式。屋根の形は、2面の傾斜が山のような形の切妻造になっていて、屋根の妻の下に入り口があるのが特徴。この入り口を妻入と呼び、真ん中ではなく、右側にかたよったところに設けられている。屋根には、神社特有の様式である千木と鰹木が備わる。

大嘗祭
【だいじょうさい】

新天皇陛下が即位して最初の新嘗祭のこと。御代代わりの一大行事で、直近では、令和元（2019）年11月14日、15日に行われた。大嘗祭のために皇居内には大小約30棟の建屋からなる大嘗宮がつくられる。そこには東西2つの祭場があり、それぞれに東日本と西日本から選ばれた2か所の斎田（儀式用の米を育てる田）で収穫した新米を捧げる。斎田のある都道府県選びは、焼いた亀の甲のひびの入り方で占う亀卜で決められた。東の祭場「悠紀殿」には栃木県、西の祭場「主基殿」には京都府が選ばれ、話題になった。大嘗宮は大嘗祭を終えた後、一般公開されてから解体された。

大神宮
【だいじんぐう】

社号（神社名につける称号）のひとつ。三重県伊勢市に鎮座する伊勢神宮から分霊した神さまをおまつりしている神社に使われることが多い。東京のお伊勢さまと呼ばれる東京大神宮、京の都のお伊勢さまである京都大神宮などで用いられている。

平将門
【たいらのまさかど】

平安時代の豪族。武士の先がけとして、関東で政治改革の反乱を起こしたが、戦いの最中、額に矢が刺さって討死する。京の河原に運ばれたさらし首は数か月経っても腐らず、まるで生きているかのようで、関東を目がけて飛び去ったと伝わる。歴史上最強の怨霊のひとり。東京都千代田区に鎮座する神田明神、岐阜県大垣市に鎮座する御首神社、茨城県坂東市に鎮座する國王神社などにご祭神としてまつられている。

た 高千穂峰
【たかちほのみね】

宮崎県と鹿児島県の県境にある標高1574mの火山で、霧島火山群に属する。邇邇芸命が高天原から天孫降臨した山とされ、『古事記』には、「筑紫の日向の高千穂の霊峰」と記される。山頂に突き刺すような形で「天の逆鉾」が立っていて、その景観は圧巻。坂本龍馬と妻おりょうが日本初といわれる新婚旅行で高千穂峰に登った際、龍馬は「天の逆鉾を抜いてしまった」と姉への手紙に書き残している。

高坏
【たかつき】

弥生時代　平安時代　　現代

神饌を盛るときに用いるもの。腰高とも呼ばれる。木、竹、土、ガラスなど、さまざまな素材でつくられる。家庭の神棚では、お米をお供えするとき、陶器の高坏を使ったりする。

高御産巣日神
【たかみむすひのかみ】

世界が天と地に分かれて開けたとき、最初に高天原に現れ出た、「別天つ神」の第二代の神さま。「造化三神」のうちの一柱でもある。万物の生産の神で、姿を持たない身を隠した神。高御産巣日神から生まれた子が、思金神と万幡豊秋津師比売命である。万幡豊秋津師比売命は邇邇芸命の母神。

宝船
【たからぶね】

恵比寿天、大黒天、福禄寿、毘沙門天、布袋、寿老人、弁財天の七福神が米俵などの宝物と一緒に乗り込んだ帆かけ舟のこと。室町時代頃から、お正月によい初夢をみるために、宝船を描いた絵を枕の下に入れて眠る俗習があったと伝わる。もし、悪い夢をみてしまったら、宝船の絵を川に流して縁起直しをしていたという。宝船は新年をあらわす季語でもある。一般的に吉夢とされるランキングは、一富士、二鷹、三茄子。さらに、四扇、五煙草、六座頭、あるいは四葬礼、五雪隠と続く。

高天原
【たかまのはら】

『古事記』などでの天上の世界の名称。とても広い世界で、たくさんの天つ神が暮らし、天照大御神が治めている。高天原の下には、国つ神と人間が暮らす葦原中国、さらにその下には、死者の世界である黄泉の国がある。

〜天つ神たちが住むところ〜

多岐都比売命
【たきつひめのみこと】

「誓約」の神話で、天照大御神が須佐之男命の腰につけた剣をかみ砕いて吹き出し、その霧のような息から生まれた女神。福岡県宗像市に鎮座する宗像大社などにご祭神としてまつられている。

武田信玄
【たけだしんげん】

戦国時代の甲斐（現在の山梨県）の武将。「風林火山」を旗印に掲げる武田軍は「甲斐の虎」と呼ばれるほど最強で、敵対する織田信長公を恐れさせたが、持病の悪化により志半ばで命を落とす。「強力勝運」などのご利益で知られる山梨県甲府市に鎮座する武田神社などにご祭神としてまつられている。

丈長
【たけなが】

巫女が長い黒髪を束ねる美しい髪飾り。祝詞を記すのにも使われる奉書紙など用いて、丈夫につくられている。平安時代から鎌倉時代にかけて活躍した、男装した舞妓の白拍子は、烏帽子をかぶり、丈長で髪をひとつにまとめるスタイルが定番だった。

和紙の髪かざり

白拍子

竹の子
【たけのこ】

「黄泉の国」の神話で、伊邪那美神が差し向けた黄泉の国の黄泉醜女に追われる伊伊邪那岐神は、逃げる途中、最後に櫛を投げつける。するとニョキニョキと竹の子がなり、その竹の子を黄泉醜女が食べている間に逃げ続けたという。

ニョキッ

伊邪那岐神

ニョキ

建御雷之男神
【たけみかずちのおのかみ】

天つ神。天照大御神に命ぜられて、葦原中国を治める大国主神と国譲りの交渉をする。その際、大国主神の子の建御名方神と力比べをするのだが、簡単に投げ飛ばして、葦原中国を平定した。この力比べは相撲の元祖といわれる。現在、茨城県鹿嶋市に鎮座する鹿島神宮のご祭神としておまつりされている。

建御名方神
【たけみなかたのかみ】

大国主神の子で、勇猛な国つ神。建御雷之男神に投げ飛ばされ、逃げ出してしまう。諏訪湖のあたりで建御雷之男神に追いつかれ、「お許しください。私はもうこの諏訪の場所から出ていきません」と伝えた。現在、長野県諏訪市などに鎮座する諏訪大社のご祭神としてまつられている。

た

太宰府天満宮
【だざいふてんまんぐう】

福岡県太宰府市に鎮座する、全国に約1万2000社ある天神さまの総本宮。天神さまとは、抜きんでた才能の持ち主で、人々からの信頼を得ていたにもかかわらず、政略によって大宰府に左遷された菅原道真公のこと。「学問」「至誠」「厄除け」などのご利益があり、たくさんの受験生が合格を祈願して参拝に訪れる。境内には約6000本の梅の木があり、時季になると神職や巫女、職員総出で梅の実ちぎりが行われる。

山車
【だし】

神社のお祭りで、鉾、松や杉、人形、鳳凰といった多くの飾りをつけて引く屋台。もともとは神さまの依代だったが、今は貴重な美術工芸品として見られることが多い。関東では「屋台」、関西では「壇尻」といったりする。毎年7月に京都市東山区に鎮座する八坂神社で執り行われる「祇園祭」の山車は「山鉾」と呼ばれ、屋台の上に多種多様の鉾、長刀を立てた豪華絢爛なもの。各山鉾には、それぞれご神体がまつられている。

七夕
【たなばた】

7月7日の七夕、七夕には、年1回、この日の夜にだけ、天の川をはさんで離れ離れになった織姫と彦星が再会できると伝えられる。五色の短冊に願いごとを書いて笹竹に下げる風習に加えて、行事食のそうめんを食べて邪気を祓い、無病息災を願うのも昔からの習わしだ。

田の神さま
【たのかみさま】

稲の豊作をもたらす神さまのこと。地方によって呼び名や姿は異なる。山の神が春になると里に降りてきて田の神となり、秋の収穫が終わると再び山に帰って山の神に戻るという伝承もある。鹿児島県や宮崎県南部では「たのかんさあ」と呼ばれ、しゃもじや茶碗を持った素朴な姿の石像が田んぼのあぜ道に置かれていて、しっかり稲の生育を見守っている。

足袋下
【たびした】

つま先が親指とほかの指4本とで2つに分かれている、足袋の形を模したソックス。足袋のかわりにはくこともできるし、寒い時季にはインナーとして足袋と重ねてはけば、冷え対策にうってつけ。

旅所
【たびしょ】

神社の祭礼で、神さまが神輿で神社から氏子たちが暮らす地域へとお渡りになるとき、途中で休憩や宿泊をする別荘のようなところ。「お旅所」ということが多い。

足袋ブラシ
【たびぶらし】

神職に足袋は必需品。1日中はいているので、当然汚れる。特に足袋の底の部分には、なかなか落ちないがんこな汚れや、特有のにおいがつきやすい。しっかり洗うのに最適なのが、馬毛やサボテン繊維などでつくられる専用の足袋ブラシ。生地を痛めず、きれいに洗うことができる。なんと足袋のための専用の洗剤も市販されている。

玉垣
【たまがき】

神社の周囲に巡らされる、外界と区切るための垣。玉垣の内側は神域になる。もともとは樹木でつくられていたが、今は石や木の低い柵のほかに、コンクリートの柵も使われるようになった。三重県伊勢市に鎮座する伊勢神宮の内宮の正宮には、四重の垣が巡らされている。そのように幾重にも玉垣がつくられる場合、本殿に近いものを「瑞垣」と呼ぶ。

玉串
【たまぐし】

みずみずしい榊の枝に、紙垂や木綿（麻）をつけたもの。神職や参拝者が神さまに拝礼するときに捧げる。地方によっては、榊のかわりに、杉、樅、ヒバなど、その土地とゆかりの深い植物の玉串を使う。神前結婚式や神葬祭、地鎮祭、お宮参りや七五三、厄払いなどの参拝で、祝儀袋や不祝儀袋に「玉串料」と記すのは、玉串のかわりに金品を納めるという意味である。

玉串奉奠
【たまぐしほうてん】

玉串を神さまに捧げる儀式のことで、玉串拝礼ともいわれる。神さまにお祈りするときは、玉串の根元を両手で持ち、立てた状態にして祈りを込める。そうして祈念を込めた玉串を神さまに捧げるのだが、その際にも、枝の根元を神さまに向けるなどの作法がある。詳しくはp17に掲載。

127

魂鎮と魂振
【たましずめとたまふり】

魂鎮は、生命力の源である魂を身体に鎮めること。魂振は、弱った魂を振り動かして、力を高めること。お祭りの際、神輿を上下左右に揺り動かすことも魂振といい、そうして神さまの霊威を高めることで、疫病退散などのご神徳が広がるとされている。

玉砂利
【たまじゃり】

丸くて小さい石のことで、清浄さを保つため、神社の境内に敷かれている。もちろん、雨が降った後の境内で水はねがしないように、また、雑草が生えないようにという目的もある。三重県伊勢市に鎮座する伊勢神宮で20年に一度の式年遷宮の際に執り行われる、新しい正殿の敷地に白い石を敷き詰める「お白石持ち」という行事は有名。

清浄な道

玉祖命
【たまのおやのみこと】

「天岩戸」の神話で、岩屋に隠れてしまった天照大御神のお出ましを願って八尺瓊勾玉をつくった神さま。「天孫降臨」では、邇邇芸命に随行した。

玉依毘売命
【たまよりびめのみこと】

「鵜葺草葺不合命の誕生」の神話で、姉の豊玉毘売命と火遠理命（山幸彦）の間に誕生した鵜葺草葺不合命を、海の国に帰ってしまった姉のかわりに育てた女神。父は海の神の大綿津見神。その後、鵜葺草葺不合命と結婚して、五瀬命、稲氷命、御毛沼命、若御毛沼命（神倭伊波礼毘古命・神武天皇）を生む。

垂髪
【たれがみ】

私の髪は本物よ

つけ毛

巫女が長い黒髪を後ろでひとつに束ねる髪型のこと。自分の髪が短い人は「髢」と呼ばれる添え髪を用いたりする。髪は「神」に通じるとされ、特に女性の髪には神聖な力が宿ると信じられている。

端午の節句
【たんごのせっく】

梅雨のはじまり

5月5日の端午、菖蒲の節句は「尚武（武道や武勇を大切にすること）」の節句とされ、男の子の健康と成長を願う日。兜や五月人形を飾り、鯉のぼりをあげ、柏餅やちまきを食べてお祝いをするのが一般的。また、邪気や厄を祓うため、菖蒲湯に入る風習もあり、それは来たる梅雨や夏に向けて体調を整えようという暮らしの知恵でもある。

誕生日の祈願
【たんじょうびのきがん】

人生の節目やお祝いごと、厄除けなどのご祈願に加えて、最近では、誕生日や誕生月にご祈願を受ける人が増えてきている。自分の御霊を授かった誕生日は、その御霊の源である両親、ご先祖さま、そして、八百万の神さまに感謝を捧げる日でもある。神社という神域の中で、そのことを今一度しっかり意識してみると、温かくもすがすがしい、なんともいえない満ち足りた気持ちになる。人生の中に誕生日のご祈願を取り入れるのは、かなりおすすめ。

千歳飴
【ちとせあめ】

七五三に欠かせない縁起物。昔ながらの紅白タイプから人気キャラクターの絵柄入りまで、バラエティー豊かなラインアップで子どもたちに人気がある。江戸時代、浅草の飴売り屋が売り出した「千年飴」が元祖といわれる。飴の生地を長く伸ばしてつくるので、「千年、長生きできる」という宣伝文句で販売し、大ヒットしたのだとか。昔は幼いうちに亡くなる子どもが多かったので、元気に成長して長生きしてくれることを願って、七五三のお祝いの定番になった。

ち 茅の輪くぐり
【ちのわくぐり】

祓の神事で、境内に設置された茅や藁を大きく束ねた茅の輪をくぐり、無病息災を祈ること。6月の夏越の祓で行われることが多い。くぐるときに「蘇民将来」と唱えることがあるが、それは伝説の中に出てくる人の名前。旅の途中の須佐之男命が一夜の宿を探していたとき、貧しいながらも喜んで精一杯のもてなしをしたのが蘇民将来だった。その恩返しとして「腰に茅の輪をつけなさい」という教えを授かり、村に疫病が流行っても無事に生き延びたとされる。現在の茅の輪くぐりは、その茅の輪が原点。

蘇民将来

千早
【ちはや】

巫女が普段身につける白衣と緋袴の上から着る上衣。神事や巫女神楽の際に用いる。鶴、亀、松、菊などの吉祥模様が緑色で描かれる青摺が美しい。模様のない無地の千早もある。

無地もある。

中祭
【ちゅうさい】

神社の神事は、大祭、中祭、小祭に分けられる。毎年1月1日に執り行われる「歳旦祭」、毎年1月3日の「元始祭」、毎年2月11日の「紀元祭」、毎年2月23日の天皇陛下のお誕生日に執り行われる「天長祭」、毎年4月29日の第124代昭和天皇の誕生日の「昭和祭」、毎年10月17日の「神嘗奉祝祭」、毎年11月3日の第122代明治天皇の誕生日の「明治祭」がある。

提灯
【ちょうちん】

神社の境内、あるいはお祭りのときなどに、「御神燈」という文字が書かれた提灯を見かけるが、それは「神さまにお供えする灯り」という意味。また、神道でも、お盆の際には提灯を用いる。提灯は大きく分けて、床に置くタイプと天井からつるすタイプとがあり、伝統工芸品として有名なものには、美濃和紙に繊細で美しい秋草や風景を描いた岐阜提灯、童謡「お猿のかごや」でも知られる小田原提灯などがある。

小田原

御神燈

岐阜

重陽の節句
【ちょうようのせっく】

9月9日の重陽、菊の節句のこと。奇数が重なる日は福徳だという考え方から、1月1日、3月3日、5月5日、7月7日は縁起

のいい節句の日として大切にされてきた。特に一番大きい陽の数の「9」が重なる9月9日は重陽といわれ、ちょうどこの時季、美しく咲く菊の節句としても知られる。菊酒、菊の被綿、菊湯、菊枕を行って、高潔な美しさで邪気を祓う菊の力を取り入れる。

勅祭
【ちょくさい】

天皇陛下のお使いである勅使が遣わされる勅祭社の大祭で、例祭や、式年祭、鎮座祭、遷座祭、合祀祭などの臨時祭のこと。

勅祭社
【ちょくさいしゃ】

例祭などに際し、天皇陛下のお使いである勅使が遣わされる神社のこと。現在の勅祭社は全国に16社ある。伊勢神宮は別格なので含まれない。宇佐神宮と香椎宮は10年ごと、鹿島神宮と香取神宮へは6年ごとの例祭、靖國神社は春秋2回に執り行われる例大祭に勅使が遣わされる。勅祭社は京都市北区に鎮座する賀茂別雷神社（通称は上賀茂神社）、京都市左京区に鎮座する賀茂御祖神社（通称は下鴨神社）、京都府八幡市に鎮座する石清水八幡宮、奈良県奈良市に鎮座する春日大社、さいたま市大宮区に鎮座する氷川神社、名古屋市熱田区

に鎮座する熱田神宮、島根県出雲市に鎮座する出雲大社、滋賀県大津市に鎮座する近江神宮、奈良県橿原市に鎮座する橿原神宮、東京都渋谷区に鎮座する明治神宮、京都市左京区に鎮座する平安神宮、大分県宇佐市に鎮座する宇佐神宮、福岡市東区に鎮座する香椎宮、茨城県鹿嶋市に鎮座する鹿島神宮、千葉県香取市に鎮座する香取神宮、東京都千代田区に鎮座する靖國神社。

勅使
【ちょくし】

天皇陛下のお使いとして神社に参向し、御幣物をお供えする。

直階
【ちょっかい】

神社本庁に所属する神社で役職を得るためには資格が必要で、その資格には5つの階位がある（p108）。直階になったら、一般的な神社の禰宜や権禰宜につける。

月次祭
【つきなみさい】

毎月、1日、15日、あるいはご祭神にゆかりある日など、決まった日に執り行われる小祭。各神社では、先月を無事に過ごせた感謝と今月の無事息災をお祈りする。神社によっては一般の参拝者も参列できる。

131

月参り
【つきまいり】

月1回、神社に参拝して、日頃の感謝と無病息災をお祈りすること。お朔日参りや十五日参りだけに限らず、自分の生まれた日や、特に大切にしている日などに出かけてもいい。しばらく続けていると習慣になって、自然と神社に足が向くようになる。

筑紫の日向の橘の小門の阿波岐原
【つくしのひむかのたちばなのおどのあわきはら】

伊邪那岐神が黄泉の国の穢を洗い流した場所。朝日がのぼったらたちまち日があたるとても清らかなところで、この場所は現在の宮崎市阿波岐原町にあたるとされている。身につけていた杖や帯、衣、冠などを脱いで禊をすると、そこからさまざまな神さまが誕生した。続けて、水をかぶってすすいでいると、そこからもさまざまな神さまが誕生した。最後に左目を洗ったときに天照大御神、右目を洗ったときに月読命、鼻を洗ったときに須佐之男命が生まれ、最も尊いとされる三貴子が誕生した。

月読命
【つくよみのみこと】

天つ神。伊邪那岐神が黄泉の国の穢れを洗い流した際、右目を洗ったときに誕生した。その後、夜の世界を治める神さまとなる。それ以降については『古事記』には登場しない。

対馬
【つしま】

長崎県対馬市に属する対馬または対馬島。「国生み」の神話で、伊邪那岐神と伊邪那美神が生んだ「津島」のことで、大八島国のひとつ。

角杙神、妹活杙神
【つのぐいのかみ、いもいくぐいのかみ】

「神世七代」の第四代の神さま。杙の男神と女神。一緒に現れ出た男女の神で、二神で一代と数える。

剣
【つるぎ】

剣は両側に刃がつく両刃で、反りのない真っ直ぐな直刀。一方、刀は片側だけに刃がつく片刃で、反りがある。日本には、「神代三剣」と呼ばれる、神話の時代から伝わる剣がある。まず、三種の神器のひとつ「天叢雲剣」。次に、「布都御魂」という霊剣。建御雷之男神が葦原中国を平定するときに用いたもの。最後は、「天羽々斬（十握剣）」という刀剣。須佐之男命が出雲で八俣大蛇を退治したときに用いたもの。八俣大蛇の体内にあった天叢雲剣に当たり、刃がかけてしまったと伝わる。

鶴岡八幡宮
【つるがおかはちまんぐう】

神奈川県鎌倉市に鎮座する鶴岡八幡宮は、全国の八幡宮の代表的な神社で、源頼朝公が現在の地にお遷しし、鎌倉幕府の宗社として鎌倉の街づくりの中心とした。「勝負運」「仕事運」「出世運」「安産」「縁結び」などのご利益があるとされる。鎌倉の夏の風物詩の「ぼんぼり祭」では、鎌倉近在の諸名士により奉納され、ぼんぼりに仕立てた約400点の書画に火が灯され、夜の境内を幻想的に飾る。

手水舎
【てみずしゃ】

神域に入る参拝者が、身を清めるために手を洗って口をすすぐのに使う施設。神社の参道や社殿の脇にあり、水盤は流水で満たされている。柄杓ですくった一杯分の手水を使って一連の所作を行い、略式の禊をする。詳しくはp14に掲載。なお、感染症流行時などにおいては使用中止にしている神社がほとんど。

禊をお手軽に！

133

出羽三山
【でわさんざん】

山形県の村山地方から庄内地方に広がる月山、羽黒山、湯殿山の総称で、山岳信仰の場として有名。多くの修験者や参拝者が訪れている。山頂には、月山の月山神社、羽黒山の出羽神社、湯殿山の湯殿山神社と、それぞれに神社がある。

天冠
【てんかん】

頭飾りのことで、冠のように頭にのせるタイプと、ティアラのように髪に差し込むタイプの前天冠がある。前者は神さまに奉仕する10歳くらいまでの子どものお稚児さんの天冠に多く、後者は巫女が神楽舞のときにつけるもので、桜や梅、桔梗、菊など美しい和花の飾りがついていたりする。花や小枝にはご神霊が宿るとされている。

神性をあらわす

お稚児さん

天狗
【てんぐ】

伝説上の生きもので、赤い顔で異様に鼻が高く、山伏の服装に身を包み、一本歯の高下駄をはく。魔を吹き飛ばすヤツデの団扇を持ち、時空をこえて飛びまわる特別な力が備わっている。強力な神通力を持つ鼻高天狗や、最も威力のない小さな木の葉天狗など、その種類はさまざま。一説によると、鼻の長さが約120cmで、背丈が約2mとされる猿田毘古神が天狗の元祖だという。

鼻高天狗　　　　木の葉天狗

電子マネー賽銭
【でんしまねーさいせん】

少しずつではあるが、神社の賽銭を電子マネーで納めるという先進的な状況になっている。特にコロナ禍での感染防止対策は、キャッシュレス化が進む大きなきっかけとなった。加えて、お守りやお神札、ご祈祷などにも、電子マネーやクレジットカードが利用できるようになってきている。

天赦日
【てんしゃにち】

季節と日の干支で決まる天赦日は、あらゆる神さまが天に昇り、あらゆる罪を赦してくれる最高の吉日とされる。年間で5〜6回しかない貴重な日。神社に足を運んで参拝するのもおすすめ。

天孫降臨
【てんそんこうりん】

～ 高千穂峰 ～

天照大御神の孫である邇邇芸命は、高天原から葦原中国の高千穂峰（現在の宮崎県）に三種の神器と稲をたずさえて天下る。そのときに従ったのは、天児屋命、布刀玉命、天宇受売命、伊斯許理度売命、玉祖命の五伴緒。全員が天岩戸開きで活躍した神さまたち。さらに、思金神、天手力男神、天石門別神も加わった。そして、猿田毘古神が道案内をし、天忍日命、天津久米命は弓や矢などを持って先導役をつとめた。この天孫降臨の際、天照大御神から

下された三大神勅が『日本書紀』に記されている。宝鏡奉斎の神勅は、「この宝鏡をわたしだと思い、同じ御殿におまつりしなさい」というもの。天壌無窮の神勅は、「葦原中国はわたしの子孫が王となる地。行って治めなさい。天地のある限り、永遠に栄えます」というもので、我が身を犠牲にしてでも、国家と国民を守りなさいというメッセージでもある。斎庭の稲穂の神勅は、「高天原で食べている斎庭の稲穂を与えよう」というものだった。

135

天地開闢
【てんちかいびゃく】

世界が天と地に分かれて開けた、世界の始まりのこと。『古事記』などでは、先に天地の存在があり、そこから造化三神の天之御中主神、高御産巣日神、神産巣日神、別天つ神、神世七代の神さまが現れ出たとする。世界は形をなしておらず、水の上に浮かぶ脂のようであったとされる。

天地神明
【てんちしんめい】

天と地にいらっしゃるすべての神さまのこと。「天地神明に誓って」という表現があるが、それはあまねく神さまに自分の誠実さを誓い、うそ偽りがまったくないという意味で用いられる。例えば、「天地神明に誓って、私は一切悪事を行っていないと断言する」などと言う。

天長祭
【てんちょうさい】

2月23日の天皇陛下の誕生日に執り行われる中祭。天皇陛下のご生誕をお祝いし、ますますのご長寿とご健康、皇室のさらなる繁栄、国家の平和と発展を全国の神社で祈る。

天皇誕生日
【てんのうたんじょうび】

2月23日の国民の祝日。法律では、「天皇の誕生日を祝う」と趣旨が規定されている。2月23日という日付は、第126代今上天皇の誕生日で、令和2（2020）年以降のものになる。かつては「天長節」と呼ばれていた。

天武天皇
【てんむてんのう】

1300年ほど前の第40代の天皇陛下。壬申の乱で勝利して即位する。『古事記』『日本書紀』を発案し、日本の成り立ちや天皇家の歴史を書き残すことに力を尽くした。伊勢神宮を大切にされ、式年遷宮も天武天皇の考えから始まった。また、娘の大来皇女を伊勢神宮の斎王として仕えさせた。

東海道中膝栗毛
【とうかいどうちゅうひざくりげ】

十返舎一九の滑稽本で、江戸時代に発行されて以来、今もって読み継がれている大ベストセラー。膝栗毛とは、自分の両膝を栗毛の馬のかわりに使い、歩いて旅行するという意味。主人公は江戸に暮らす弥次郎兵衛と喜多八。ふたりは不運続きの人生の厄を落とそうと、お伊勢参りに出かけることを決意する。そして、東海道を歩いて伊勢神宮へ。その間の珍道中がたくさんの挿絵とともにユーモラスに描かれている。

東郷平八郎
【とうごうへいはちろう】

明治時代の代表的な海軍元帥。日露戦争で活躍した。「勝って兜の緒を締めよ」など

の言葉でも知られ、世界の人から尊敬される。「至誠」「勝利」「強運」「縁結び」などご利益でも知られる東京都渋谷区に鎮座する東郷神社などにご祭神としてまつられている。東郷神社は、国民の要望と多くの献金によって建てられた。

天は正義に与し神は至誠に感ず

冬至
【とうじ】

二十四節気のひとつで、昼の時間がもっとも短く、夜の時間がもっとも長くなる日。この日を境に、少しずつ陽の気が増していく。冬至には、ゆず湯に入って身を清め、小豆粥やかぼちゃを食べて厄除けをする風習がある。

灯籠
【とうろう】

灯籠は神さまへの目印として灯すのが一般的。鳥居と

吊灯籠

春日灯籠

同じように、神さまへの感謝を込めて、個人や会社から奉納されることもある。灯籠は大きく分けて、春日灯籠に代表される石製で背の高い地面に置くタイプと、つるすタイプの吊灯籠がある。

吐普加美依身多女
【とおかみえみため】

神さまを拝む際に唱える言葉。強い言霊を発揮するとされる。もともとは焼いた亀の甲のひびで占う亀卜の際に用いられた呪文で、ト・オ・カミ・エ・ミ・タメと区切り、「ご神意がはっきりしますように」という意味があったのではといわれる。

渡御
【とぎょ】

神さまが神輿などにお鎮まりになって、氏子たちの手によって、氏子区域にお出かけになること。そうして神さまと氏子が一体になることで、氏子たちは元気になり、その姿をご覧になった神さまはますますお喜びになり、福徳を授けてくれる。

徳川家康
【とくがわいえやす】

戦国時代から江戸時代にかけての武将、天下人。徳川幕府の初代将軍。「勝負運」「仕事運」などのご利益で知られる栃木県日光市に鎮座する日光東照宮などに、神号・東照大権現としておまつりされている。

江戸幕府の神祖

137

特別神領民
【とくべつしんりょうみん】

20年に一度の式年遷宮の際、お木曳きやお白石持ちに参加する、全国各地の伊勢神宮崇敬者のこと。一方、神領民とは、伊勢神宮が鎮座する伊勢市の住民のことを指す。

常世国
【とこよのくに】

『古事記』などに出てくる異界のことで、海の向こうにある不老不死の理想の国といわれる。大国主神と一緒に国づくりをした少名毘古那神や、初代神武天皇の兄である御毛沼命が渡ったとされている。

常世長鳴鳥
【とこよのながなきどり】

「天岩戸」の神話で、天照大御神が天岩戸にこもってしまった際、お出ましを願って、宿り木に乗せて鳴かせた鶏のこと。

年祝い
【としいわい】

60歳以上の長寿を祝い、神さまに感謝するのが年祝い。61歳の還暦、70歳の古希、77歳の喜寿、80歳の傘寿、88歳の米寿、90歳の卒寿、99歳の白寿がある。

年占
【としうら】

その年1年間の吉凶占いのこと。粥の持つ特別な力でその年の天候や作物の豊凶を占う粥占や、豆の焼け具合でその年の月ごとの天候を占う豆占などがあり、毎年1月15日の小正月などに各地の神社の神事として執り行われる。

年神と歳徳神
【としがみととしとくじん】

年神は、毎年お正月に家庭にやってきて、福徳をもたらす神さま。歳徳神は、その年の恵方（いい方角）を司る女神で、節分の恵方巻きは歳徳神のいる方角に向かって巻き寿司を食べることで福をいただこうというもの。

年越の祓
【としこしのはらえ】

大祓は毎年6月と12月の末日の年2回執り行われ、12月末の大祓を年越の祓と呼ぶ。神職が大祓詞を唱え、切麻などを用いて罪穢を祓い、すがすがしい気持ちで新年を迎えられるように準備をする。年越の祓は多くの神社で執り行われており、ほとんどの神社で一般の参拝者も参列できる。

歳の市
【としのいち】

年末に門松、注連飾り、裏白、羽子板などのお正月用の飾り、衣類、食品、生活雑貨などが売られる市。

日本の歴史がまとまった

三十巻
系図一巻

舎人親王
【とねりしんのう】

奈良時代の皇族で、第40代天武天皇の皇子。『日本書紀』の編集の責任者で、養老4（720）年に完成させる。また、歌人としての豊かな才能にも恵まれ、『万葉集』には3首の歌が残っている。死後、朝廷の最高職である太政大臣の名誉が贈られた。

豊葦原瑞穂国
【とよあしはらのみずほのくに】

「豊葦原」と「瑞穂国」は、ともに日本の国をたたえる美称。神さまのご加護によって豊かに稲穂が実り、栄える国という意味がある。

豊雲野神
【とよくもののかみ】

「神世七代」の第二代の神さま。豊かな実りをもたらす、国土を生み出すところの神である。ひとり神で、姿を持たない身を隠した神。

豊玉毘売命
【とよたまびめのみこと】

火遠理命（山幸彦）と結婚した、海の神である大綿津見神の娘。豊玉毘売命が暮らす海の宮にやってきた火遠理命に魅せられ、妻になる。3年後、火遠理命の意向で、地上に戻ることになった。「鵜葺草葺不合命の誕生」の神話では、海の宮に残った豊玉毘売命は、妊娠したことを告げ、海ではなく地上で生みたいので、産屋をつくって待っていてほしいと伝える。しかし、間に合わず産屋の屋根を葺き終わらないうちに鵜葺草葺不合命を生んだ。夫の火遠理命に、「出産中、ご覧にならないで」と言っておいたにもかかわらず、大きな鮫になって出産している姿をのぞき見されたので、妹の玉依毘売命に子育てを頼んで海の国へと帰っていった。

豊臣秀吉
【とよとみひでよし】

戦国時代の武将。織田信長に仕え、足軽百姓から天下人へと大出世した。「勝運」「出世開運」などのご利益で知られる京都市東山区に鎮座する豊国神社に、神号・豊国大明神としておまつりされている。

虎
【とら】

七福神の一柱である毘沙門天の眷属。聖徳太子は毘沙門天の出現によって戦いで大勝利をおさめ、それが寅年、寅日、寅刻だったことに由来する。毘沙門天には、虎だけでなく、百足のお使いもいる。

鳥居
【とりい】

神社という神域をあらわす門。「天岩戸」の神話では、天照大御神が天岩戸にこもってしまった際、天岩戸の入り口で宿り木に常世長鳴鳥を乗せて鳴かせ、お出ましを願った。その鳥の居た木が鳥居の始まり、という説もある。現在の鳥居は多種多様で、代表的なのは明神鳥居と神明鳥居。明神鳥居は上の横柱の両端が上に反り、神明鳥居は上の横柱が一直線になっているのがわかりやすい特徴だ。稲荷神社系に多い、明るい朱色の丹塗りの鳥居は、神社のシンボル的なイメージを持ち、とても美しい。鳥居は一基、二基と数える。

鳥居奉納
【とりいほうのう】

神社に鳥居を奉納するのは、願いごとが「通る」「通った」という感謝の気持ちをあらわすため。今では、個人や会社の記念日などに日頃の感謝を込めて奉納する人も多く、鳥居にはさまざまな想いが込められている。京都市伏見区に鎮座する伏見稲荷大社の千本鳥居は特に有名。

鳥居前町
【とりいまえまち】

神社の鳥居の前を中心に形成された町のこと。「門前町」という言葉もあるが、それは神社だけでなく、寺院も含むので、神社仏閣を中心として発展した町のことになる。

酉の市
【とりのいち】

毎年11月の「酉の日」に各地の鷲神社で行われる例祭。境内には福運をかきこむ縁起熊手を商う露店が立ち並び、威勢のいい掛け声が飛び交う。縁起熊手は、毎年大きくしていくのがいいとされる。11月に酉の日が2回ある年は二の酉、3回ある年は三の酉といわれ、三の酉がある年には火事が多いと伝えられる。

採物
【とりもの】

巫女などが神楽舞のときに手に持って舞うもの。玉串、神楽鈴、檜扇などで、もともとは神さまの依代であった。

141

Kamidana haishi

神棚拝詞(かみだなはいし)

此(これ)の神床(かむどこ)に坐(ま)す

掛(か)けまくも畏(かしこ)き

天照大御神(あまてらすおおみかみ)

産土大神等(うぶすなのおほかみたち)の大前(おほまえ)を拝(をろが)み奉(まつ)りて

恐(かしこ)み恐(かしこ)みも白(まを)さく

大神等(おほかみたち)の廣(ひろ)き厚(あつ)き御恵(みめぐみ)を辱(かたじけな)み奉(まつ)り

高(たか)き尊(たふと)き神教(みをしへ)のまにまに

直(なお)き正(ただ)しき真心(まごころ)をもちて

誠(まこと)の道(みち)に違(たが)ふことなく

負(お)い持(ま)つ業(わざ)に励(はげ)ましめ給(たま)ひ

家門(いへかど)高(たか)く　身(み)健(すこやか)に

世(よ)のため人(ひと)のために尽(つく)さしめ給(たま)へと

恐(かしこ)み恐(かしこ)みも白(まを)す

＊p72ページ参照。

な

内宮
【ないくう】

三重県伊勢市に鎮座する伊勢神宮の2つの正宮のうちのひとつ。五十鈴川のほとりにある。正式には「皇大神宮」だが、一般的には内宮と呼ばれる。ご祭神は日本人みんなの先祖となる大御祖神の天照大御神で、ご神体は三種の神器のひとつ八咫鏡。境内では、「神鶏」と呼ばれる神さまのお使いの鶏が放し飼いにされている。まずは外宮を参拝し、それから内宮に向かうのが古くからのならわし。

直霊
【なおひ】

神道には「一霊四魂」という言葉があり、一霊である直霊は、四魂（荒魂、和魂、幸魂、奇魂）がうまく働くようにコントロールしている司令塔だと考えられている。

直会
【なおらい】

神人共食

神事やお祭りを終えた後、神職や参列者たちで神饌のおさがりをいただくこと。おさがりには神さまの力が込められているので、神饌を食べることで神さまの力を授かり、神と人とがひとつになれる。神事やご祈願などの参拝のとき、最後の直会でお神酒だけをいただくのは、本来の直会がシンプルな形になったもの。

中今
【なかいま】

今、この瞬間のこと。遠い無限の過去と遠い無限の未来の真ん中にある今、現在のことで、中今こそが最もイキイキと歓喜に満ちているとされる。

長き世の
遠の眠りの
みな目さめ
波乗り船の
音のよきかな
【なかきよの とおのねふりの みなめさめ
なみのりふねの おとのよきかな】

室町時代から伝わる、上から読んでも下から読んでも同じ音になる回文の和歌。宝船や七福神、この和歌が描かれた絵を枕の下に入れて眠ると、お正月の初夢が縁起のいい晴れやかな吉夢になるとされている。宝船の帆に、悪夢を食べてくれる伝説の動物「獏」の文字を描く絵柄も人気があった。

中筒男命
【なかつつのおのみこと】

「禊祓と三貴子」の神話で、伊邪那岐神が中の瀬の「水の中」で禊をしたときに生まれた神さま。大阪市住吉区に鎮座する住吉大社などにご祭神としてまつられている。

夏越の祓
【なごしのはらえ】

祓物を切り裂いて祓う

大祓は毎年6月と12月の末日の年2回執り行われ、6月末の大祓を夏越の祓と呼ぶ。神職が大祓詞を唱え、人形などを用いて半年間の罪穢を祓う。また、茅や藁を大きく束ねた茅の輪を八の字を描きながら3回くぐり、そのときに「水無月の夏越の祓する人は千歳の命のぶというなり」と唱えて、この先も無事に過ごせるように無病息災を祈る。夏越の祓は多くの神社で執り行われており、ほとんどの神社で一般の参拝者も参列できる。

那智の扇祭り
【なちのおうぎまつり】

和歌山県東牟婁郡那智勝浦町に鎮座する熊野那智大社で、毎年7月14日に執り行われる例祭。御火行事の勇壮な様から那智の火祭りとも呼ばれ、国の重要無形民俗文化財に指定されている。もともと熊野十二所

権現（熊野の神々）は、那智の滝本におまつりされていたが、熊野那智大社が建てられた後、遷されることになった。那智の扇祭りでは、年1度、滝の姿を表した高さ6mの扇神輿に神さまをのせて那智の滝に里帰りし、さらなるご神威を奮い起こして、五穀豊穣や家内安全などを祈願するというもの。大きな杉の木がうっそうと生い茂る滝前の飛瀧神社の参道では、50kg近くもある12本の大松明の炎によって経路を清めながら、12体の扇神輿が進んでいく。

扇祭り

那智の滝
【なちのたき】

和歌山県東牟婁郡那智勝浦町に鎮座する熊野那智大社の別宮、飛瀧神社のご神体。「飛瀧権現」とも呼ばれる。日本三大名瀑のひとつで、水柱は落差133mと日本一。滝の落ち口に3つの切れ目があり、3本の筋になって落下するため「三筋の滝」とも言う。滝の落ち口にはられた注連縄は、毎年7月9日と12月27日の年2回、白装束の神職たちが執り行う「御滝注連縄張替行事」によってはり替えられる。

夏祭り
【なつまつり】

神さまに台風や暴風雨などの災難除け、疫病の流行退散などをお願いするのが夏祭り。高温多湿の日本の夏は、昔から伝染病などの疫病が広がりやすく、それはたたりのせいだと考えられていたので、その御霊をしずめるためでもあった。毎年7月に京都市東山区に鎮座する八坂神社で執り行われる「祇園祭」は、平安時代に疫病退散を祈願したのが始まりとされる。

なで牛
【なでうし】

神社の境内でつやつやに摩耗したなで牛を見かけることがあるが、それはたくさんの人が熱い思いでなでてきたから。身体の具合が悪いところをなでた後、なで牛の同じところをなでると病気が治るという言い伝えがあり、多くの参拝者がなで牛のご利益を願ってきた。感染症流行時などは、その愛らしい姿を見るだけで元気になれそう。

七草粥
【ななくさがゆ】

1月7日の人日、七草の節句には、「せり なずな ごぎょう はこべら ほとけのざ すずな すずしろ 春の七草」と古い和歌に詠まれる七草でつくったお粥を食べ、その年の無病息災を祈る風習がある。昔の中国では、この日は人を占う日としていて、殺生を禁じるという意味で、この日には犯罪者の刑を執行しないことになっていたという。

一月七日は 人をよう日

7歳までは神のうち
【ななさいまではかみのうち】

子どもは7歳までは神さまからの預かりものだと思われていた。昔は幼いうちに亡くなることも多かったので、無事に育ったことに感謝して、初宮参りや七五三など何度も神社にお参りした。7歳は七五三の最後の年。女の子は7歳になると初めて帯を締める「帯解」をして、大人になる準備を少しずつ始めていた。

何事の
おはしますかは
知らねども
かたじけなさに
涙こぼるる

【なにごとの おはしますかは しらねども
かたじけなさに なみだこぼるる】

現代語訳：どんな神さまがいらっしゃるの
か知らないけれど、おそれ多く、ありがた
い気持ちがあふれてきて、自然と涙がこぼ
れてくる。

平安時代の歌人であり、真言宗の僧侶でも
あった西行が伊勢神宮を訪れた際に詠んだ
和歌。

新嘗祭
【にいなめさい】

毎年11月23日に執り行われる大祭。「秋
祭り」とも呼ばれ、宮中や全国の神社でそ
の年の五穀豊穣に感謝する。新天皇陛下が
即位して最初の新嘗祭には「大嘗祭」と
いう特別な名称がある。春の祈年祭、秋の
新嘗祭、神社ごとの例祭は「三大祭」と称
され、特に大事にされている。

初穂を奉る

和魂
【にぎみたま】

神さまには、自然の恵みや安定を与える
「和魂」と、自然災害や病気などを起こす
「荒魂」の、プラスとマイナスの2つの側
面があるとされる。

二十四節気
【にじゅうしせっき】

太陽の動きをもとに、1年を24等分にした
もの。まず夏至と冬至で2等分にし、春分
と秋分を加えて4等分。その中間に立春、
立夏、立秋、立冬を加えて8等分。八節に
なったところで、各一節45日を15日ずつ
3等分にし、全部で二十四節気に分けたも
の。移ろう季節を情緒豊かに、かつ細やか
に分けた美しい日本の暦。

立春…2月4日頃	立秋…8月8日頃
雨水…2月19日頃	処暑…8月23日頃
啓蟄…3月5日頃	白露…9月8日頃
春分…3月21日頃	秋分…9月23日頃
清明…4月5日頃	寒露…10月8日頃
穀雨…4月20日頃	霜降…10月24日頃
立夏…5月5日頃	立冬…11月7日頃
小満…5月21日頃	小雪…11月22日頃
芒種…6月6日頃	大雪…12月7日頃
夏至…6月21日頃	冬至…12月21日頃
小暑…7月7日頃	小寒…1月5日頃
大暑…7月23日頃	大寒…1月21日頃

日供祭
【にっくさい】

毎日の早朝、全国の神社で、神さまに神饌
をお供えして、その日の無事息災を祈願す
る小祭。一般的には、「お日供祭」と呼ば
れることが多い。神社によっては、一般の
参拝者も参列できる。

日参
【にっさん】

毎日、欠かさず神社に参拝すること。毎日、家庭の神棚にお参りする人は多いが、神社まで足を運んでお祈りする人はそう多くはないだろう。日参が習慣になると、常に清々しい状態で朗らかに過ごせそうだ。

新田義興
【にったよしおき】

南北朝時代の武将。第96代後醍醐天皇に忠義を尽くした新田義貞の次男。仲間にだまされて、多摩川の矢口の渡で悲劇の最期を迎える。「家運隆昌」「家内安全」「厄除招福」「必勝開運」などのご利益で知られる東京都大田区に鎮座する新田神社などにご祭神としてまつられている。

多摩川で謀殺され　怨霊に

邇邇芸命
【ににぎのみこと】

天つ神。天照大御神の孫にあたる神さま。「天孫降臨」の神話では、天照大御神から譲り受けた三種の神器と稲を携えて高千穂（現在の宮崎県）に降臨した。大山津見神の娘である木花之佐久夜毘売と結婚し、火照命（海幸彦）、火須勢理命、火遠理命（山幸彦）が生まれる。火遠理命の孫は、初代神武天皇。

2拝2拍手1拝
【にはいにはくしゅいちはい】

神社での一般的な参拝の作法。まず、腰を90度に曲げる深いお辞儀を2回行う。次に、胸の高さで両手を合わせた後、右手を少し下に引いて拍手を2回打ち、再び両手を合わせてお祈りをする。最後に、腰を90度に曲げる深いお辞儀を1回だけ行う。90度の深いお辞儀を「拝」と呼ぶので、この作法のことを2拝2拍手1拝という。

まことの心で敬う作法

日本三大怨霊
【にほんさんだいおんりょう】

菅原道真公、第75代崇徳天皇、平将門公の怨霊のこと。この三大怨霊は最強で、たたりや災害をもたらすほど恐ろしいとされた。そうした怨霊をしずめるため、神社におまつりされていると伝わる。

日本書紀
【にほんしょき】

『古事記』の完成から8年後の奈良時代初期の養老4（720）年、40年近い時間をかけた編さんが終了したことを舎人親王が第44代元正天皇に奏上した。『日本書紀』は当時の国際語であった漢文体で書かれ、唐や新羅など東アジアの人々も読める日本最古の正史。『日本書紀』も『古事記』も

制作を命じたのは、第40代天武天皇だった。30巻＋系図1巻で、天地開闢の神代の時代から第41代持統天皇までのことが記され、128首の和歌も詠まれている。

日本神話
【にほんしんわ】

一般的には、奈良時代に編さんされた『古事記』や『日本書紀』などの古典に登場する神話のこと。『古事記』の上巻、『日本書紀』の第1巻と第2巻に記された、さまざまな神さまが登場する神代の時代の物語、また、『古事記』の中巻前半、『日本書紀』の第3巻に記された、初代神武天皇の東征などの建国の物語が中心になる。

鶏
【にわとり】

伊勢神宮の眷属で「神鶏」と呼ばれ、境内では放し飼いにされている。「天岩戸」の神話では、天照大御神が天岩戸にこもってしまった際、八百万の神々は、その前でにぎやかに歌い踊り、祝詞をあげて、なんとか出てきてもらおうと知恵を絞った。その際、天岩戸の入り口では、宿り木に常世長鳴鳥をのせ、朝がきたことを告げるべく、鳴かせていた。神社の入り口に立つ鳥居は、鶏の居場所であったその宿り木がもとになったとされている。

とり居

沼島
【ぬしま】

兵庫県南あわじ市に所属し、淡路島の南に浮かぶ面積2.7k㎡の沼島。伊邪那岐神と伊邪那美神が最初に生んだオノゴロ島は沼島ではないか、という説がある。島内には、天御柱に見立てた上立神岩と呼ばれる奇岩、伊邪那岐神と伊邪那美神をおまつりした自凝神社がある。

禰宜
【ねぎ】

神職の職階のひとつ（p108）。宮司を補佐する役職で、主に祭祀や儀礼を担当する。

猫
【ねこ】

明治時代から昭和初期にかけて全国で養蚕業が盛んになると、養蚕農家は鼠に蚕を食べられる被害に大いに悩まされた。当時の神社では、鼠除けのご祈願はごく普通に行われていたようだ。天敵の猫を飼ったりして鼠対策に励む一方、養蚕の神さまに養蚕守護を祈り、その眷属である猫の力添えを願って、神社に猫の石像を奉納したり、神棚に猫の絵入りのお神札や絵馬などをお供えしたりしていたという。

鼠除けのお神札

149

鼠
【ねずみ】

大国主神 を 助ける

「内はほらほら 外はすぶすぶ」

大国主神の眷属とされる。「須佐之男命の試練」では、妻である須勢理毘売の父、須佐之男命から火攻めの試練を受けたとき、鼠が大国主神を助けている。須佐之男命は野原に放った「鳴鏑」を拾ってくるように命じるのだが、大国主神が野原に入ると、火を放った。出口が分からない大国主命に、1匹の鼠が「内はほらほら、外はすぶすぶ（内にほら穴があるよ、外はすぼまって狭いよ）」と教え、その穴に隠れることで火をやり過ごせたという。

根之堅洲国
【ねのかたすくに】

『古事記』などに出てくる異界のことで、黄泉の国の別称ともいわれる。須佐之男命は、父である伊邪那岐神に「海原を治めるように」と委任されるのだが、言うことを聞かずに亡くなった母の伊邪那美神を恋しがって泣いてばかりいたので、ついに根之堅洲国に追放される。

乃木希典
【のぎまれすけ】

明治時代の代表的な陸軍大将。日露戦争で活躍した。第122代明治天皇の崩御後、割腹して殉死。夫人もあとを追い、自刃して果てる。「勝負運」「仕事運」「学業成就」「縁結び」などご利益で知られる東京都港区に鎮座する乃木神社などに夫人とともにご祭神としてまつられている。

「乃木大将」「乃木坂」

武士道

祝詞
【のりと】

祭事などで神職が神さまに向けて唱える荘重な言葉。祭儀での修祓で奏上される「祓詞」や、夏越の祓や年越の祓での「大祓詞」などは定型の祝詞だが、さまざまなご祈願に応じるため、祝詞の教本や例文集などを参考にしながら、神職がその都度作文することも多い。

祝詞奏上
【のりとそうじょう】

ご神徳をたたえ 祈願することを 述べる

流麗な祝詞の言葉は、丁寧に心を込めて奏上されるので、聞いていると言霊のシャワーを全身に浴びて清らかな気持ちになる。その起こりは古く、日本神話の「天岩戸」にまでさかのぼる。天照大御神が天岩戸にこもってしまった際、八百万の神々がその前でにぎやかに歌い踊り、天児屋命が「太詔戸言」という祝詞をあげたのが始まりとされる。

こころで読む、『古事記』の天岩戸の神話

なぜ、天照大御神は隠れてしまったのか。
こころで読んで、感じたら、その理由が納得できます。
自分の「本当のこころ」を見つめてみたくなります。

◉傍若無人な須佐之男命

天岩戸の物語はとても有名です。須佐之男命の乱暴が激しく、天照大御神はこれを見て恐れおののき、天岩戸を開いてその中にお隠れになりました。ご存知の方も多いことでしょう。

これにはどういう意味があるのか。

古い伝承というものは隠喩なので、その本来の意味を考える必要があります。

須佐之男命の強くごうまんな我欲で世界は暗闇に覆われ、ありとあらゆる災いが起こります。

この状態は、まさに、須佐之男命の「本当のこころ」＝天照御大神が隠れてしまったことなのです。

それはあなた自身にもいえることですよ。『古事記』の物語は自分の身に置きかえて読み、自分の「本当のこころ」とつながっていることにぜひ気づいてください。

◉見て見ぬふりの八百万の神々

世界が最悪の状況になり、ここで初めて、須佐之男命の傍若無人な行いを傍観していた八百万の神々は、集まって真剣に協議をいたしました。

それは天照大御神が隠れてしまったこと

を、八百万の神々が自らの問題として「本当のこころ」で見つめ、深く反省したことを意味します。

そのために天照大御神は天岩戸にお隠れになったともいえるのではないでしょうか。

そして、天岩戸の前で一心不乱に祈って罪穢を祓い、「本当のこころ」を取り戻します。天照大御神が再びお出ましになった意味はそこにあります。

今まで暗黒だった世界に、まったく異なる歓喜の世界があらわれたのです。

そのように、自分の心が勝手につくりだした心の暗闇は、罪穢を祓うことで取り除かれて、本来のあるべき姿である喜びに満ちた「本当のこころ」に戻れるのです。

●渋川八幡宮便り●

お日供祭に参列

小野先生と一緒にお日供祭に参列して、早朝に大祓詞を奏上してみよう。お日供祭とは、ご神前に神饌をお供えし、家族みんなの幸せを祈るおまつりのこと。開催日については、問い合わせが必要になる。●問い合わせ先は p89 に掲載。

Sorei haishi

祖霊拝詞（それいはいし）

代代（よよ）の先祖等（みおやたち）（何某（なにがし）の御霊（みたま））の

御前（みまえ）を拝（をろが）み奉（まつ）りて

慎（つつし）み敬（うやま）ひも白（まを）さく

廣（ひろ）き厚（あつ）き御恵（みめぐみ）を辱（かたじけな）み奉（まつ）り

高（たか）き尊（たふと）き家訓（みをしへ）のまにまに

身（み）を慎（つつし）み業（わざ）に励（はげ）み

親族家族（うからやから）諸諸（もろもろ）心（こころ）を合（あは）せ

睦（むつ）び和（なご）みて

敬（うやま）ひ仕（つか）へ奉（まつ）る状（さま）を

愛（め）ぐしと見（み）そなはしまして

子孫（うみのこ）の八十續（やそつづき）に至（いた）るまで

家門（いへかど）高（たか）く立（た）ち栄（さか）えしめ給（たま）へと

慎（つつし）み敬（うやま）ひも白（まを）す

＊p119ページ参照。

は

は 梅花祭
【ばいかさい】

京都市上京区に鎮座する北野天満宮で、毎年2月25日、ご祭神の菅原道真公の祥月命日に行われる祭典。蒸したお米を盛った「大飯」「小飯」、白梅と紅梅の小枝を挿した「紙立」という特殊な神饌を供え、ご遺徳をしのぶ。また、この日に境内で華やかに催される「梅花祭野点大茶湯」も有名。

拝殿
【はいでん】

参拝者が神さまにお祈りなどをする場所。通常は本殿の前に建っていて、本殿よりも規模が大きい。内部は板張りや畳敷きのほかに、土間になっている場合もあり、神社によってそれぞれ。

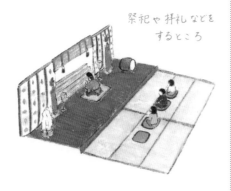

祭祀や拝礼などをするところ

廃仏毀釈
【はいぶつきしゃく】

明治時代に起きた、神道と仏教を明確に分ける神仏分離をきっかけに、各地で吹き荒れた仏教の排除運動のこと。仏教を廃することを意味し、多くのお寺や仏像が取り残され、経典は焼かれた。また、仏壇なども破壊された。

拝揖
【はいゆう】

神道における敬礼の作法。拝は腰を90度に折って頭を下げる最敬礼の動作で、座って行う際には、ひれ伏す形になる。拝に次ぐ揖には、深い揖の「深揖」、浅い揖の「小揖」があり、深揖は腰を45度に折り、小揖は腰を15度に折るお辞儀。祝詞などが奏上されているときには、深揖よりも深い60度に折った姿勢をとる。いずれも立って行う「立礼」と座って行う「座礼」がある。

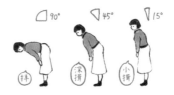

拍手
【はくしゅ】

拍手は、神道における敬礼の作法。「開手」とも言う。両手を胸の高さで合わせ、右手を少し下にした後、肩幅程度に広げて打って合わせる。

白寿
【はくじゅ】

99歳の長寿を迎えた年祝い。百の文字から一を取ると「白」になることに由来して、この呼び名がついた。

柱
【はしら】

神さまは「一柱」「二柱」という単位で数える。神さまの依代として、ご神木を大切にしてきたことに起因する。

蜂
【はち】

仲間と一緒に大きな巣をつくる蜂は、「繁栄」「幸運」のシンボルとして、世界中で大切にされる縁起のいい生きもの。岩手県紫波町には、蜂をおまつりした珍しい蜂神社がある。平安時代、源 義家が夜のうちに蜂の巣を袋に詰め込み、敵の陣営に投げ込んだことで見事に勝利をおさめ、そのことに感謝する気持ちから蜂の亡骸を集め、神社を建てておまつりしたとされている。

八度拝八開手
【はちどはいやひらて】

三重県伊勢市に鎮座する伊勢神宮の神職のみが行う特別な拝礼方法。一般の参拝者は2拝2拍手1拝でお参りする。

初午
【はつうま】

2月最初の午の日で、稲荷大神が稲荷山に鎮座した日とされる。この最吉日、各地の稲荷神社では「初午祭」が行われる。京都市伏見区に鎮座する伏見稲荷大社の「初午大祭」は、京都に春を呼ぶお祭りとして有名。このときに授与される縁起物「しるしの杉」を受けるならわしがある。

初節句
【はつぜっく】

赤ちゃんが誕生して初めて迎える節句のこと。節句とは邪気を祓って無病息災を祈る季節の節目の行事で、初めての節句はことさらに大事にされる。女の子は3月3日の桃の節句、男の子は5月5日の端午の節句にお祝いをする。

初日の出参り
【はつひのでまいり】

1日1日の日の出を「初日の出」と呼び、その年に1回しかない元旦の太陽をよく見える場所から拝み、新しい年を無事に過ごせるようにお祈りする。全国各地に名所と称される美しい初日の出スポットがある。初日の出参りで新年を迎えた後、そのまま神社へ初詣に出かける人も多い。

豊年満作

初穂料
【はつほりょう】

ご神前にお供えする金品やお酒などの表書きには、初穂料と書いたり、「玉串料」「御榊料」などと記したりする。初穂料には、初めて収穫した稲穂（初穂）のかわりにお供えする、という意味がある。

初宮詣
【はつみやもうで】

赤ちゃんが誕生してからおよそ1か月後に、これまで無事に育ったことを感謝し、これからの健やかな成長を願って氏神さまにお参りする人生儀礼。かつては、氏子として認めてもらうという意味もあった。地方よっては、今でも男の子の額には「大」、女の子の額には「小」などの字を書いてお参りする風習が残っている。初宮詣の後には、家族や親せきと一緒に、尾頭つきの鯛やお赤飯など縁起のいい祝い膳を囲む。

一か月前後

初詣
【はつもうで】

新しい年に、その年の無事と幸せを願い、神社に参拝すること。もともとは氏神さまにお参りするものだったが、今では崇敬している神社に出かける人も多い。江戸時代は、恵方詣といって、恵方（歳徳神がいる、その年の縁起のいい方角）にある神社にお参りする習慣があった。

初夢札
【はつゆめふだ】

宝船や七福神、「長き世の 遠の眠りの みな目さめ 波乗り船の 音のよきかな」の回文の和歌が記された、縁起のいい初夢を引き寄せる紙の絵札。1月1日の夜、枕の下に敷いて寝ると吉夢が見られるとされる。12月中旬頃から1月1日にかけてお頒ちしている神社は多い。

鳩
【はと】

八幡社の眷属。八幡社は、大分県宇佐市に鎮座する宇佐神宮をはじめとする、主祭神の第15代応神天皇や、応神天皇の母である神功皇后、比売大神をおまつりしている神社のこと。各地の八幡社では、鳩の石像があったり、鳩の絵馬やお守り、おみくじがお頒ちされたりしている。

は

花見
【はなみ】

時季になると、今でも日本中が夢中になる桜の花見。桜の「さ」は田の神さま、「くら」は依代の意味で、つまりは桜には神さまがお鎮まりになっているということ。昔から、日本人は桜の花を愛でながら、その年の無事と五穀豊穣を祈ってきた。

花嫁行列
【はなよめぎょうれつ】

神社での神前結婚式で執り行われる「参進の儀」という儀式のこと。神職と巫女を先頭に、新郎新婦、親族が並んで行列をつくり、結婚式が執り行われる神殿まで、境内を厳かに進んでいく。偶然その場に居合わせた参拝者からも祝福してもらえる。

浜参宮
【はまさんぐう】

三重県伊勢市に鎮座する二見興玉神社や夫婦岩がある二見浦は、古来より、伊勢神宮を参拝する前に訪れて、潮水を浴びて禊祓の儀式をする聖地。この地での禊祓のことを浜参宮という。

破魔矢
【はまや】

お正月に神社でお頒ちされる縁起物の魔除けの矢。江戸時代、赤ちゃんが誕生してから初めて迎える初正月では、男の子には弓と矢がセットになった破魔矢、女の子には羽子板を贈る風習があり、それが簡略化されてお正月に神社で破魔矢を授けるようになったといわれる。飾る場所は、神棚、あるいは玄関やリビングなどの清浄な場所を選び、なるべく頭上よりも高い位置に置くのがベスト。建築儀礼のひとつである上棟祭では、鬼門と裏鬼門に破魔矢を立てて儀式を行うこともある。

目より高いところに置く

速開都比売
【はやあきつひめ】

大祓詞に登場する、あらゆる罪穢を祓ってくれる祓戸四神の一柱。瀬織津比売が川から海へと流した罪穢を速開都比売が口を大きく開いてがぶがぶと飲みこみ、その後は気吹戸主神、速佐須良比売が見事な連携プレーで罪穢を捨て去ってくれる。

速佐須良比売
【はやすさらひめ】

大祓詞に登場する、あらゆる罪穢を祓ってくれる祓戸四神の一柱。瀬織津比売、速開都比売、気吹戸主神が見事な連携プレーで罪穢を運び、最後に根の国、底の国にいる速佐須良比売がその罪穢をもってさまよい出て、捨て去ってくれる。

流行神信仰
【はやりがみしんこう】

ぱっと咲き、ぱっと散る花のように、突如あらわれ、爆発的に流行する神さまや仏さまに対する信仰のこと。新型コロナウイルスの大流行で、疫病を避けるとされる妖怪アマビエに注目が集まったのは記憶に新しい。飛鳥時代頃にあらわれた常世の神は代表的な流行神で、富と長寿が授けられると熱狂的にもてはやされた。

祓
【はらえ】

神道は「祓えに始まり祓えに終わる」といわれるように、祓をとても大切にしている。気がつかないうちに犯した罪穢を取り除くことが祓であり、そうすることで本来あるべき清浄な状態になり、災厄や不幸を避けることができる。

祓詞
【はらえことば】

神事の前に執り行われるお祓いのときに奏上する祝詞の一種。伊邪那岐神が筑紫の日向の橘の小門の阿波岐原で黄泉の国の穢れを洗い流した神話がもとになっている。全文はp66に掲載。

祓戸四神
【はらえどよんしん】

大祓詞や祓詞に登場する、あらゆる罪穢を祓ってくれる神さま。瀬織津比売、速開都比売、気吹戸主神、速佐須良比売。

春祭り
【はるまつり】

日本の旧暦では、春が新しい年の始まりだったので、春には特別な意味がある。今年も無事に収穫の秋を迎えられるようにと、その年の農耕の始まりと五穀豊穣を神さまにお祈りするのが春祭り。多くの神社で春祭りが執り行われる。毎年2月17日に宮中や全国の神社で執り行われる「祈年祭」は五穀豊穣を祈る代表的な春祭りで、「新嘗祭」「例祭」と合わせて「三大祭」と称される。

稗田阿礼
【ひえだのあれ】

奈良時代の舎人（身分の高い人に仕えて雑事をする下級官人）で、『古事記』の編者。第40代天武天皇に抜群の記憶力を見込まれて、歴史書の『帝紀』や『旧辞』の誦習（繰り返し読むこと）を命じられた。そして、稗田阿礼が覚えた内容を書き取った原稿をベースに、太安万侶が『古事記』を完成させる。男性なのか、果たして女性だったのか、性別には諸説あり。

毘沙門天
【びしゃもんてん】

七福神の一柱で、もともとはインド神話の財宝の神さま。多聞天と呼ばれることもある。甲冑に身をつつんで手には武器や宝塔を持ち、戦いをつかさどる「武神」として知られる。「福徳」「厄除け」の神さまとしても人気。戦国時代の越後（現在の新潟県）の武将、上杉謙信公は毘沙門天をとても深く信仰しており、軍旗に毘沙門天の「毘」の文字を使うほどだった。

人形
【ひとがた】

人の形に切った紙のこと。禊や祓をするとき、体をなでたり、息を吹きかけたりして、自分の罪穢を人形に移し、神社にお納めする。昔は川や海に流していて、「流し雛」のルーツとされる。形代ともいう。人形には、氏名と年齢を記入する場合もある。

ひとり神
【ひとりがみ】

天地開闢のとき、単独で現れ出た神さま。姿を持たず、現れ出た後に身を隠した。七柱の神さまがいる。別天つ神の五柱、天之御中主神、高御産巣日神、神産巣日神、宇摩志阿斯訶備比古遅神、天之常立神。そして、神世七代の二柱、国之常立神、豊雲野神がひとり神である。

ひ ひな人形
【ひなにんぎょう】

3月3日の桃の節句に、子どもに災難がふりかからないように、という祈りを込めながら、ひな人形を形代（かたしろ）だと思って飾る。伝統的な工芸品や美術品から、各地の民芸品まで、さまざまな様式のひな人形がある。

古今雛 は 朗らかな気品

火之迦具土神
【ひのかぐつちのかみ】

伊邪那岐神（いざなぎのかみ）と伊邪那美神（いざなみのかみ）の間に生まれた火の神。伊邪那美神は火之迦具土神を生んだときに火傷をし、その後亡くなってしまう。伊邪那岐神は「愛しい我が妻が死んでしまった」と泣き叫んで悲しんだ。その後、怒った伊邪那岐神によって火之迦具土神は殺されてしまう。

日の本に
生まれ出でにし
益人は
神より出でて
神に入るなり
【ひのもとに うまれいでにし ますひとは
かみよりいでて かみにいるなり】

現代語訳：祖先の神から生まれた自分は、やがて一生が終わったら祖先の神のところに帰っていくのだ。
江戸時代の神道家である中西直方（なかにしなおかた）が詠んだ和歌。日本人の死生観を的確にあらわしているとされる。

火迺要慎の火伏札
【ひのようじんのひぶせふだ】

京都市右京区に鎮座する愛宕（あたご）神社の有名な火伏札。防火のご利益があるとされる。昔から京都の家庭や料理屋の台所でよく見かける。また、京都では、消防団が愛宕山を登って火伏札を授かり、担当地域の各家庭に配ってくれるという。

火 すなわち 慎みを要する

緋袴
【ひばかま】

巫女装束の緋色の袴のこと。緋色とは、昔ながらの日本の色で、黄みの強い赤。茜の根を使って染め、火や太陽をあらわす色とされていた。

赤い袴は昔々からロングセラー

神籬
【ひもろぎ】

神社以外の場所で祭祀を執り行うとき、神さまの依代となるもの。竹などを四隅に立て、中央には紙垂などをつけた榊を立てることが多い。

ご神霊の依代

百社参り
【ひゃくしゃまいり】

100か所の神社を巡礼すること。江戸時代に始まったとされ、各地の神社をたくさんお参りすれば祈願が叶うと思われていた。千社（せんじゃ）参りも同じ時期に始まり、自分の名前を書いた千社札を神社の高い場所に貼ればご利益があると大流行した。

百度参り
【ひゃくどまいり】

特定の神社仏閣に百度参拝すること。切実な願いを叶えるために行う場合が多い。人の不幸を願うことは厳禁。悪い想いは最後には自分に返ってくる。

日吉大社
【ひよしたいしゃ】

滋賀県大津市に鎮座する、全国に約3800社ある日吉、日枝、山王神社の総本宮。平安時代、平安京の表鬼門（北東）に位置していることから、都の魔除けや災難除けの守護神となり、今も「方除け」「厄除け」のご利益で知られる。また、比叡山に延暦寺が開かれた後は、天台宗の護法神としても崇敬される。境内には約3000本のもみじがあり、もみじの名所としても有名。

水蛭子
【ひるこ】

「国生み」の神話で、伊邪那岐神と伊邪那美神が最初に生んだ子。うまく生めずに不完全な姿だったので、葦船にのせて海に流した。伝説によれば、水蛭子は葦原中国に流れ着き、漂着先の人によって育てられた、あるいは手厚くまつられたとされる。

福銭
【ふくせん】

神社でお頒ちされている福銭は、財布の中に入れておくと金運が上がるといわれるお金のお守り。昔は神社で借りたお金で商売すると繁盛すると信じられており、その願いが叶ったら、倍以上の額にして返していたという。そういう由縁があり、福銭は今でも大切にされている。

福徳円満
【ふくとくえんまん】

神社での参拝で、特別なご祈願をする場合のメニューのひとつ。この先もますます幸福や財産に恵まれることを願う内容。

福禄寿
【ふくろくじゅ】

七福神の一柱で、もともとは中国の神さま。同じ七福神の寿老人と同じ神さまといわれることもある。福禄寿とは「人生の三大目標」ともいわれ、福は「幸福」、禄は「稼ぎ」、寿は「健康」を指す。長い頭に長い髭、長寿のシンボルである鶴を連れ、手には巻物をくくりつけた杖を持った姿で、「長寿」「財運」の神さまとして人気。

富士信仰
【ふじしんこう】

日本の最高峰である富士山を神さまとする信仰のこと。

伏見稲荷大社
【ふしみいなりたいしゃ】

京都市伏見区に鎮座する、全国に約3万社ある稲荷神社の総本宮。稲荷山の麓にあり、そこからお山巡りができる。山中には、たくさんのお塚が群在し、参道には数千もの朱の鳥居が建ち並ぶ。2月の「初午大祭」が有名。

舞女
【ぶじょ／まいひめ】

伊勢神宮では、巫女のことを舞女と呼んでいる。

服忌
【ぶっき】

身内が亡くなったとき、喪に服すこと。一般的には、五十日祭までは、故人のおまつりに専念して世間に出ることを慎む「忌」の期間。忌中には、神棚封じをして、神社への参拝も控えるが、それ以降は神事を再開する。一年祭（一周忌）までは、故人を偲びつつ、少しずつ平常心を取り戻していこうという「服」の期間となる。

葡萄
【ぶどう】

「黄泉の国」の神話で、伊邪那美神が差し向けた黄泉の国の黄泉醜女に追われる伊邪那岐神は、逃げる途中、最初に髪飾りのつる草を投げつける。すると葡萄がなり、その葡萄の実を黄泉醜女が食べている間に逃げ続けたという。

風土記
【ふどき】

奈良時代、『古事記』や『日本書紀』より少し後に編さんが始まった、各地方の地誌や伝承などをまとめたもの。

布刀玉命
【ふとだまのみこと】

「天岩戸」の神話では、岩戸の前で、榊に八尺瓊勾玉や八咫鏡などを取りつけたものを捧げ持ち、お出ましを願った。「天孫降臨」では、邇邇芸命に随行した。

太占
【ふとまに】

「鹿卜」ともいわれる、焼いた鹿骨で占う古代の占法のこと。

褌
【ふんどし】

昔ながらの日本の下着。お祭りで神輿を担ぐ際には、六尺褌をつけるのが定番。滝行などで禊をする場合は、越中褌（別名はサムライパンツ）をつけることが多い。

文化の日
【ぶんかのひ】

11月3日の国民の祝日。法律では、「自由と平和を愛し、文化をすすめる」と趣旨が規定されている。第122代明治天皇の誕生日で、昭和23（1948）年に制定。その前は「天長節」「明治節」という祝日だった。

分祀
【ぶんし】

新しく創建された分社に、本社のご祭神を分霊すること。その際には、分祀祭という大祭が執り行われる。

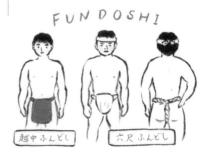

FUNDOSHI

越中ふんどし　六尺ふんどし

米寿
【べいじゅ】

88歳の長寿を迎えた年祝い。米の字を分解すると八十八と読めることに由来して、この呼び名がついた。米寿のお祝いには、黄色、茶や金色のものを贈ると縁起がいいとされている。

幣殿
【へいでん】

神社の境内にある本殿と拝殿の中間にある建物で、参拝者が神さまへのさまざまな献上物を捧げる空間。「中殿」とも呼ばれる。祭祀が行われたりもする。幣殿がない神社もある。

蛇
【へび】

弁財天の眷属で、白蛇で赤い目をしている。この蛇にゆかりがあるのが、12日ごとに巡ってくる十二支の「巳の日」。この日、白蛇に願いごとをすれば、弁財天に届けてもらえるので、金運がアップするといわれる。とても縁起のいい吉日なのである。

弁財天
【べんざいてん】

七福神の一柱で、もともとはインド神話の水の神さま。七福神で唯一の女神で、宗像三女神の市杵島姫命だといわれることもある。「金運」「技芸上達」の神さまとして人気。また、下はとぐろを巻いた蛇の姿で、その上の顔は老人、という不思議な神さま「宇賀神」を頭にのせた宇賀弁財天も有名。境内の清水でお金を洗うと増えるという伝承で知られる、神奈川県鎌倉市に鎮座する銭洗弁財天宇賀福神社は、市杵島姫命と宇賀弁財天をご祭神としておまつりしている。

方位除け
【ほういよけ】

自分の本命星（一白水星、二黒土星、三碧木星、四緑木星、五黄土星、六白金星、七赤金星、八白土星、九紫火星）が、その年に方位盤のどこに位置しているかで、その年の吉凶を占う。本命星が方位盤の中央にある人は、八方塞がりの年。北東（表鬼門）にある人は、運気が下降気味の年。北（困難宮）にある人は、最も運気が停滞する年。南西（裏鬼門）にある人は、くれぐれも無理は禁物にしたい年となる。神社で方位除けのお祓いを受けて、大事に至らないようにするのはおすすめだ。

ぼけ封じ
【ぼけふうじ】

神社での参拝で、特別なご祈願をする場合のメニューのひとつ。全国各地にぼけ封じのご利益があるとされる神社があり、お守りや絵馬などの授与品もお頒ちされている。

布袋尊
【ほていそん】

火須勢理命
【ほすせりのみこと】

邇邇芸命と木花之佐久夜毘売の間に生まれた次男。兄は海幸彦の名で知られる火照命。弟は山幸彦の火遠理命。

本州
【ほんしゅう】

日本で最大の島であり、東北地方、関東地方、中部地方、近畿地方、中国地方の1都2府31県がある。「国生み」の神話で、伊邪那岐神と伊邪那美神が生んだ「大倭豊秋津島」で、大八島国のひとつ。

本殿
【ほんでん】

神さまがお鎮まりになっている、社殿の中で最も神聖で大切な建物。内部には、ご神体などが納められている。山や岩をご神体としている神社では、本殿は設けず、拝殿から直接山や岩を拝礼する。

七福神の一柱で、実在した中国の僧侶がモデル。はち切れそうなまん丸の太鼓腹にりっぱな福耳、満面の笑みを顔いっぱいに浮かべて、いかにも福々しい雰囲気だ。堪忍袋といわれる大きな袋を肩に背負っている。「福徳」「円満」の神さまとして人気。

大祓詞を唱えて、こころのお掃除をしよう

大祓詞は「本当のこころ」を自覚する、
そのきっかけづくりにもなるようです。
日々、唱えてみましょう。

●大祓詞で真っ直ぐなこころを思い出す

　私たちの中に宿っている「本当のこころ」を明らかにするためには、日々、知らず知らずのうちに犯してしまう罪穢を祓わなくてはいけません。

　大祓詞を唱えることは、その「本当のこころ」を自覚することにつながります。

　大祓詞は、平安時代から大祓のときにご神前で読み上げる祝詞で、『古事記』『日本書紀』の神代の巻を要約したものとも考えられています。そして、唱えることで罪穢が祓われ、消え去ると信じられてきました。事実そうだから、祝詞として今日まで最も長く信仰されているのです。

　しかし、ただそれだけではありません。一人ひとりが「本当のこころ」に従って生きることを自覚しようとする志をもって大祓詞を唱えるべきであり、そうであるからこそ、「本当のこころ」が明らかになるのです。

●こころの神社を清めるつもりで

　そして、その「本当のこころ」を日々の生活で実践するのです。生活から離れると、観念になってしまい、どこか他人事のように感じてしまうので、そこは要注意です。

常に「自分のこと」として考えます。これは荒行なのですよ。一瞬一瞬が荒行です。

不満は、外から勝手に入ってくるのではなく、自分の心がつくりだすものです。この「本当のこころ」ではない心の在り方（異心）を捨て去り、この世で実践していきます。

もともと、ご神意はどこか遠くの世界ではなく、すぐ目の前にあり、私たちはその御心に包まれて生きているのですから、自分の異心を祓えば、誰でも感じることができます。私たちの心の中にも神社があるのです。神々がご鎮座されているのですから、その神々を埃や塵から守らなければならないのです。

●渋川八幡宮便り●

大祓詞の写詞
渋川八幡宮のご神域で大祓詞を書き写し、清々しい心を取り戻そう。薄く印字してある上をなぞるので、初めてでも大丈夫。写詞した大祓詞は、渋川八幡宮に奉納される。日時については応相談。所要時間は2時間半程度（奉納奉告祭含む）。写詞初穂料3000円が必要。●問い合わせ先はp89に掲載。

ま 舞殿
【まいどの】
神楽殿のことで、神社の境内にある、神楽を奉納するための舞台。

勾玉
【まがたま】

素材はさまざま

災難をはね飛ばしてくれる、日本最古の魔除けのお守り。古代の人々は、丸い形に膨らんだ片側に穴をあけてひもを通し、ネックレスなどに仕立てて身につけていた。ヒスイ、メノウ、水晶といった自然石のほか、土の焼きものでもつくられた。独特のフォルムは「動物の牙」や「月」がもとになっているといわれるが、諸説ある。陰陽マークでおなじみの「陰陽勾玉巴」の神紋を持つ神社もある。

豆占
【まめうら】
その年の月ごとの天候を占う年占のひとつ。各地の神社の神事として、毎年1月15日の小正月、または毎年2月3日頃の節分の夜に執り行われる。12粒の大豆や小豆を囲炉裏の熱い灰や、七輪にのせた鉄板の上に並べて焼き、白く焼けて灰になれば晴れの日が多く、黒く焦げれば雨の日が続くなど、豆の焼け具合で占ったりする。「豆焼神事」とも呼ばれている。

満願成就
【まんがんじょうじゅ】
神社での参拝で、特別なご祈願をする場合のメニューのひとつ。長い間、望み続けていること、何かを求める希望が叶うように願う内容。

御歌
【みうた】
皇后、皇太后、皇太子などが詠まれた和歌のこと。また、天皇陛下の和歌や詩文は「御製」といわれる。

松下幸之助
【まつしたこうのすけ】
松下電器産業株式会社の創業者。逆境をはねのけ、「経営の神さま」といわれるほど卓越した経営手腕を発揮して、日本の経済発展に貢献した。三重県鈴鹿市に鎮座する椿大神社の末社「松下幸之助社」のご祭神としておまつりされており、ご利益は「国家繁栄」「立身出世」「妙案着想」など。境内には、松下幸之助翁が寄進した茶室もある。椿大神社は全国に2000社以上ある猿田彦大神をおまつりする神社の本宮。

経営の神さま

神酒
【みき】

～神さまを もてなす～

神さまにお供えする酒のことで、神饌には必要不可欠なもの。「お神酒」ということが多い。神事やご祈願での参拝のときなど、最後の直会ではお神酒をいただく。本来は、白酒、黒酒、清酒、濁酒の4種類をお供えするのが正式とされるが、清酒である日本酒だけの場合が一般的。神社によっては、ご由緒や土地柄に合わせてワインや梅酒をお神酒に用いる。また、お正月など、家庭の神棚にお神酒をお供えする際、瓶子の口に「神酒口」と呼ばれる意匠をこらした美しい縁起物を差し込むこともある。

御饌
【みけ】

神饌と同じ意味で、神さまにお供えする食事のこと。古い言い方になる。御饌のおさがりをいただくことを「神人共食」といって、神さまと人とが通じ合って一体となるとても大切な行為とされる。

御毛沼命
【みけぬのみこと】

初代神武天皇の兄。『古事記』では、波を越えて常世国に渡っていったと記されている。一方、宮崎県の高千穂地方では、強い風が吹いて波に押し流され、高千穂に戻ってきたとされ、高千穂にいた鬼八という悪神を退治したという伝説が語り継がれる。

巫女
【みこ】

神職ではなく、神職を補助する立場で勤務しているので、特別な資格は必要ないが、神社や神道の作法、巫女神楽などは学ぶ必要がある。神社がそれぞれに募集をかけて採用する。男女雇用機会均等法の適用外なので、女性のみの募集が可能。白衣に緋袴を身につけ、長い黒髪を束ねた姿は清浄な印象だ。「天岩戸」の神話で、岩戸の前で舞い踊った天宇受売命が巫女の元祖だといわれている。

ようこそ
お参りでした

神さまにご奉仕する仕事

巫女神楽
【みこかぐら】

巫女によって舞われる神楽のひとつ。千早などの美しい装束をまとい、季節の花などを模した頭飾をつけ、神楽鈴、檜扇、榊の枝などを手に持って舞う。古い時代には、ご神霊をお招きしてお告げをおろす巫女神楽があったが、現代では、奉納するための優美な巫女神楽が主流になっている。平和を祈る「浦安の舞」は有名。

巫女コスプレ
【みここすぷれ】

白衣に緋袴といった巫女さんの清楚な姿に憧れる人は多い。コスチュームショップなどでは、正統派のものからデザインにアレンジを加えたユニークなものまで種類豊富に販売され、ハロウィーンでのコスプレなどで楽しまれている。

神輿
【みこし】

神社の例祭などで登場する、神さまの乗りもの。氏子たちが担ぎ上げて運ぶ。普段、神さまは神社に鎮まっておられるが、お祭りのときに限って神輿にのり、氏子たちが暮らす地域へとお渡りになって福徳を授ける。途中、「お旅所」で休憩をする。神輿の屋根部分は、神社の社殿の屋根の形に似せることが多く、上には鳳凰が飾られている。また、小さな鳥居なども取りつけられている。

巫女修行
【みこしゅぎょう】

神道をより身近に感じ、学ぶための巫女修行が人気。学生や社会人が教養を深めるために参加することが多く、神社が開催している本格的なプログラムのものや、民間のワークショップやカルチャーセンターでの気軽な体験講座もある。玉串奉奠などの神道ならではの作法を学んだり、巫女神楽のレッスンを受けたり。日本の古い文化の奥深い世界を知るきっかけになる。

週末の体験コース

水合わせの儀
【みずあわせのぎ】

神前結婚式で新郎新婦が両家から汲んでもってきた水を、ひとつの盃に注ぎ合わせて口をつける儀式。異なる水（家風）で育ったふたりがひとつの家族をつくり、幾久しく幸せに暮らせるようにと願いながら行う。

なじめますように

禊
【みそぎ】

心身の罪穢（つみけがれ）を川や滝の水、海の塩水で洗い清めること。「滝行（たきぎょう）」は神道だけでなく、密教や修験道でも行われる。

禊祓と三貴子
【みそぎはらえとさんきし】

代表的な『古事記』の神話のひとつ。黄泉（よみ）の国から帰ってきた伊邪那岐神（いざなぎのかみ）は、穢（けが）れを洗い流す。左目を洗って誕生したのが天照大御神（あまてらすおおみかみ）、右目を洗って誕生したのが月読命（つくよみのみこと）、鼻を洗って誕生したのが須佐之男命（すさのおのみこと）で、最も尊い三貴子と呼ばれる。

御霊屋
【みたまや】

祖霊舎（それいしゃ）とも呼ばれる。家族や親族、ご先祖さまの祖霊（御霊）をおまつりする家庭用の祭壇のことで、仏式の仏壇のようなもの。神棚とは別のもの。

宮
【みや】

社号（しゃごう）（神社名につける称号）のひとつ。天皇陛下や皇族との関係が深い神社、歴史的に重要な人物をおまつりした神社、古くからすでに宮という社号を使用していた神社などで用いられる。

三輪山
【みわやま】

神奈備（かんなび）であり、日本神話にも登場する最古の神社、奈良県桜井市に鎮座（ちんざ）する大神神社のご神体（しんたい）。山中には神さまの鎮（しず）まる磐座（いわくら）が点在する。長い間立入禁止だったが、近代になってから参拝者の入山が許されるようになった。登拝には受付が必要。規則厳守。

一木一草に神宿る山

虫封じ
【むしふうじ】

神社での参拝で、特別なご祈願をする場合のメニューのひとつ。子どもが2〜3歳になっても夜泣きが激しかったりするのは、「疳の虫（かんのむし）」のせいといわれ、疳の虫を封じるご祈願を受けるとご利益があるとされる。

笑って

ぎゃあぁぁ〜ん!!

宗像大島の七夕祭
【むなかたおおしまのたなばたまつり】

福岡県宗像市の大島に鎮座する宗像大社の一宮「中津宮」は七夕伝説発祥の地といわれ、毎年8月7日に執り行われる七夕祭は有名。境内に流れる川の名前は「天の川」。また、牽牛神社と織女神社もおまつりされている。島内の売店では「祈り星」という名称のガラスの玉が販売され、その玉を天の川の清らかな水や、境内の湧き水「天真名井」で願いごとをしながら洗うと、その願いは叶うといわれる。

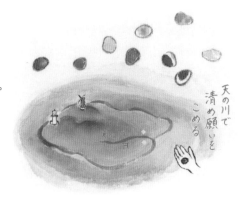

宗像三女神
【むなかたさんじょしん】

福岡県宗像市に鎮座する宗像大社、広島県廿日市市に鎮座する厳島神社などのご祭神で、田心姫神、湍津姫神、市杵島姫神の女神たち。「誓約」の神話で、天照大御神が須佐之男命の剣から生んだ三柱の女神で、『古事記』では、多紀理毘売命、多岐都比売命、市寸島比売命と表記される。

宗像大社
【むなかたたいしゃ】

福岡県宗像市に鎮座する、全国に約6200社ある宗像神社の総本社で、日本神話にも登場する最古の神社のひとつ。沖ノ島に鎮座する「沖津宮」、大島に鎮座する「中津宮」、本土に鎮座する「辺津宮」の総称であり、三宮それぞれの主祭神をまとめて「宗像三女神」という。無人島である沖ノ島の沖津宮は、一般の立ち入りは禁止されており、神職以外は島に渡れない。

棟札
【むなふだ】

家を新築する際、柱、棟、梁といった基本的な構造が完成し、いよいよ棟木（屋根の一番高い位置にある材）を上げるという段階で「上棟式」を行うが、そのときに家の守り神として棟木に貼りつける木札。

明階
【めいかい】

神社本庁に所属する神社で役職を得るためには資格が必要で、その資格には5つの階位がある（p108）。明階になったら、三重県伊勢市に鎮座する伊勢神宮以外、一般的な神社はもちろん、社格の高い神社の宮司につける。

明治祭
【めいじさい】

毎年11月3日の第122明治天皇の誕生日に執り行われる中祭。近代国家日本の礎をつくった明治天皇の大業を仰ぎ、皇室の繁栄、国家の平和を全国の神社で祈る。

殯
【もがり】

貴人が亡くなってから本葬されるまでの間、棺に納めたご遺体を特別なところに安置しておまつりする儀式のこと。『日本書紀』には、第40代天武天皇の殯は2年以上だったと記されている。殯の期間を短くしたのが、現在の「お通夜」。平成28（2016）年8月、第125代上皇陛下（平成の天皇）がご譲位のご意向をビデオメッセージで発せられたとき、その中に殯の言葉があったことから多くの関心を集めた。

モダンな神棚いろいろ
【もだんなかみだないろいろ】

若い世代が受け入れやすいモダンな神棚が静かなブームになっている。部屋のインテリアになじむデザインだったり、狭い住空間に合う小さめのものだったりと新感覚の神棚が続々と登場。選択肢が増えたことで、家庭でのおまつりを大切にする世代の幅は大きな広がりをみせている。

物忌
【ものいみ】

神事などに関わる人々が、限られた期間中、肉食などを控えたり、禁忌を犯さないようにしたりして、心身を清浄に保つこと。

桃の節句
【もものせっく】

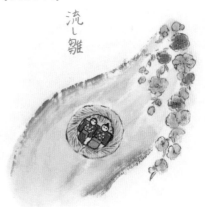

流し雛

3月3日の上巳、ひな祭りのこと。この名前は、桃の花が咲く時季の節句という理由に加え、古来より桃には魔除けの力があるとされたことにも由来する。ひな祭りのルーツは、身がわりの人形に災いや穢を背負わせ、川や海に流す「流し雛」だが、今では女の子の健康と成長を願ってひな人形を飾り、菱餅やひなあられ、白酒のほかに、蛤の潮汁やちらし寿司など縁起物のごちそうでお祝いするのが一般的。

桃の実3個
【もものみさんこ】

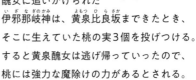

「黄泉の国」の神話では、伊邪那美神が差し向けた黄泉の国の黄泉醜女に追いかけられた伊邪那岐神は、黄泉比良坂まできたとき、そこに生えていた桃の実3個を投げつける。すると黄泉醜女は逃げ帰っていったので、桃には強力な魔除けの力があるとされる。

略拝詞
りゃく はい し

祓へ給へ　清め給へ
はら　　たま　　　きよ　　たま

守り給へ　幸へ給へ
まも　　たま　　　さきは　　たま

＊p182ページ参照。

やらわ

厄年
【やくどし】

人生には、災厄が降りかかりやすい年齢があり、それを厄年と称する。男性と女性の厄年は異なる。男性の「本厄」は25歳、42歳、61歳で、42歳が最も忌み慎んで過ごしたい「大厄」。女性の「本厄」は19歳、33歳、37歳で、33歳が「大厄」。本厄の前後3年間が厄の期間で、前年は「前厄」、後年は「後厄」。昔は「役年」といって、地域での信頼を得て、神社などで神事に関わる重要な役目をもらう晴れの年齢だったのだそう。そのため、いつもより心身を清浄に保つ必要があった。厄年には、身体的にも社会的にも節目を迎える年齢、という深い意味がある。

男性			
前厄	24歳	41歳	60歳
本厄	25歳	42歳	61歳
後厄	26歳	43歳	62歳

女性			
前厄	18歳	32歳	36歳
本厄	19歳	33歳	37歳
後厄	20歳	34歳	38歳

厄祓い
【やくばらい】

厄年の災厄から身を守るため、神社で厄祓いを受けて、神さまのご加護をいただく。七五三、成人式、年祝いなどと同じ、人生の通過儀礼として大切にしたい。

八雲立つ
出雲八重垣
妻籠みに
八重垣作る
その八重垣を
【やくもたつ いずもやえがき つまごみに やえがきつくる そのやえがきを】

現代語訳：幾重にも重なる雲が湧き出る出雲で、幾重にも重なる垣根がある新居をつくったよ。

須佐之男命が櫛名田比売と結婚し、出雲の須賀の地に新居を得た喜びを詠んだ神詠で、日本最古の和歌といわれる。

八尺瓊勾玉
【やさかにのまがたま】

三種の神器のひとつ。「天岩戸」の神話で、岩屋に隠れてしまった天照大御神のお出ましを願って、玉祖命がつくったとされている。三種の神器の八咫鏡とともに、榊につけて飾り、岩戸の前に立てたという。天孫降臨の際、邇邇芸命に授けられた。

社
【やしろ】

神さまをおまつりしている建物のこと。広義では、神社のことを指す。

176

や

八咫烏
【やたがらす】

『古事記』などに登場する三本足の烏で、導きの神とされている。「神武東征」の神話では、初代神武天皇が熊野国（現在の和歌山県）から大和国（現在の奈良県）へと向かうとき、高御産巣日神の命で道案内をした。

八咫烏ポスト
【やたがらすぽすと】

和歌山県田辺市に鎮座する熊野本宮大社には、黒い郵便ポストの上に八咫烏の像を取りつけた、とても珍しい八咫烏ポストがある。参拝の記念として、ぜひ投函したい。

八咫鏡
【やたのかがみ】

三種の神器のひとつ。「天岩戸」の神話で、岩屋に隠れてしまった天照大御神のお出ましを願って、鍛冶屋さんの天津麻羅と、伊斯許理度売命がつくったとされる。天岩戸の前で八百万の神々が楽しそうに騒いでいる様子を見ようと、天照大御神が岩戸を少し開けて身を乗り出したとき、すかさず差し出されたのがこの八咫鏡。鏡に映った姿に驚いている間に、力の強い天手力男神が岩戸を開き、天照大御神の手を取って引き出した。天孫降臨の際、邇邇芸命に授けられた。

八千矛神
【やちほこのかみ】

大国主神（p56）の別名。この名前以外にも多くの別名があり、ご神徳の広さがうかがえる。

八尋殿
【やひろどの】

伊邪那岐神と伊邪那美神はオノゴロ島を生み出した後、そこに天下って大きな天御柱を立て、八尋殿と称する巨大な御殿を建てた。「尋」とは長さの単位で、大人が両手を広げたときの、片方の指先からもう片方の指先までの長さのこと。「八尋」には、とても大きいという意味がある。また、よく聞く「千尋」という言葉にも、はかりしれないほど深いという意味がある。

流鏑馬
【やぶさめ】

駆ける馬の上から矢で的を射る騎射の一種。鎌倉時代から武士が「武運祈願」などのために奉納する神事となり、今でも、流鏑馬神事を執り行う神社は各地に残っている。

山幸彦
【やまさちひこ】

邇邇芸命と木花之佐久夜毘売の間に生まれた火遠理命の別名。「海幸彦と
山幸彦」の神話では、猟師の山幸彦は、兄で漁師の海幸彦と、互いの大切
な道具である弓矢と釣針を交換して仕事をするが、山幸彦は兄の釣針をな
くしてしまう。山幸彦がいくら謝っても兄は許さない。山幸彦は海神の国
まで出かけて探すうち、海の神の大綿津見神の娘、豊玉毘売命と恋に落ち
て結婚する。その後、葦原中国に戻り、兄に見つけた釣針を返した。豊
玉毘売命との間に生まれた鵜葺草葺不合命は、初代神武天皇の父にあたる。

八俣大蛇
【やまたのおろち】

山崩れ・氾濫 の メタファー

代表的な『古事記』の神話
のひとつ。葦原中国の出雲国
に天下った須佐之男命は、国つ神の
足名椎と手名椎が、娘の櫛名田比売を囲んで
泣いているところに出くわす。泣いている理由を
聞くと、「もうすぐ娘が八俣大蛇に食べられてしまう」と答え、八俣大蛇は身体こそ
ひとつだが、その長さは八つの谷と丘ほど大きく、頭と尾は八つあり、腹は血でただ
れていると話した。そこで、須佐之男命は櫛名田比売を櫛に変身させて自分の髪にさ
し、八俣大蛇に酒を飲ませて酔わせる。十拳剣で八俣大蛇を斬って退治に成功するが、
尾を斬ったときに何かに当たって十拳剣が欠けてしまう。八俣大蛇の腹を割いてみた
ら、不思議な力を放つ太刀が出てきたので、天照大御神に献上した。それが三種の
神器のひとつ、天叢雲剣である。無事に退治を終えた須佐之男命と櫛名田比売は結
婚し、出雲の須賀の地に新居の宮殿をつくった。

唯一神明造
【ゆいいつしんめいづくり】

三重県伊勢市に鎮座する伊勢神宮の社殿の建築様式のこと。ここにしかない神明造なので、一般の神明造と区別して特別に唯一神明造と称する。柱は掘立式で、棟の両側にある棟持柱が両端を支えている。

悠久の舞
【ゆうきゅうのまい】

神楽のひとつ。昭和15（1940）年、初代神武天皇の即位紀元2600年を祝う「紀元二千六百年奉祝会」のために、巫女神楽「浦安の舞」とともにつくられた。当時は男性の四人舞だったが、昭和39（1964）年の東京オリンピック開催にあわせて巫女神楽に改作された。今でも、各神社に受け継がれている。

湯津爪櫛
【ゆつつまくし】

「八俣大蛇」の神話で、須佐之男命は八俣大蛇に食べられそうになっている櫛名田比売を湯津爪櫛に変身させ、自分の髪にさして助けた。古来より、櫛には霊力が宿るとされ、特に女性を災いから守るといわれる。

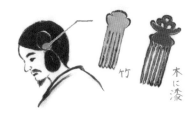

斎庭
【ゆにわ】

神さまをおまつりするために清めた場所のこと。また、天孫降臨の際、天照大御神から下された三大神勅のひとつに「斎庭の稲穂の神勅」があり、その内容は「高天原で食べている斎庭の稲穂を与えよう」というものであった。

宵祭
【よいまつり】

例祭などで本祭の前夜に執り行われるお祭りのこと。例祭の規模にもよるが、お迎えの儀式にあたる宵祭、メインの本祭、そして、お送りの儀式の後祭の構成で執り行われることが多い。

陽神
【ようしん】

男性の神さまのこと。『日本書紀』に登場する神さまの呼び方で、『古事記』の中には登場しない。

遥拝
【ようはい】

遠く離れたところから神さまを拝むこと。そのために設けられた場所は「遥拝所」と呼ばれる。富士山や伊勢神宮などには、遥拝所が設けられている。また、感染症流行時などの感染予防対策として、オンラインで安全安心に参拝する「インターネット遥拝」を実施する神社も少しずつ増えてきている。各神社のホームページをこまめにチェックして情報収集しよう。

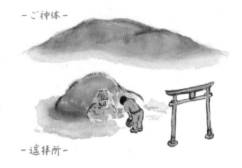

－ ご神体 －

－ 遥拝所 －

吉田松陰
【よしだしょういん】

至誠

志

幕末の思想家、教育者で、明治維新の精神的指導者。「松下村塾」という私塾を開き、高杉晋作、伊藤博文といった明治維新で活躍する若者を育てた。倒幕を企てた罪で死罪となり、30歳で没する。「大願成就」などのご利益で知られる東京都世田谷区に鎮座する松陰神社などにご祭神としてまつられている。

予祝
【よしゅく】

期待通りの結果がすでに得られたように、あらかじめ先に祝っておくと、現実の世界もそうなっていくと信じること。ここ数年、幸せを引き寄せる方法として、よく聞くようになった用語のひとつであるが、実は日本人は昔から実践していた。春祭りや桜の花見は、事前に秋の豊作をお祝いする予祝でもある。

実り豊かな
年になる前祝い

黄泉の国
【よみのくに】

『古事記』などでの地下にある死者の世界の名称。根之堅洲国ともいわれる。火之迦具土神を産んだときに亡くなった伊邪那美神が暮らしている。黄泉の国の上には、国つ神と人間が暮らす葦原中国、さらにその上に、たくさんの天つ神が暮らす高天原がある。

黄泉醜女
【よもつしこめ】

「黄泉の国」の神話で、伊邪那岐神を捕らえるために、伊邪那美神が差し向けたおそろしい容貌をした女の鬼。伊邪那岐神は黄泉醜女から逃げる途中、髪飾りのつる草を投げつけた。すると、そこから葡萄がなった。次に、櫛を投げつけると竹の子がなった。そうして黄泉醜女が葡萄や竹の子をむさぼり食っている間に、どんどん逃げ続けたという。

黄泉比良坂
【よもつひらさか】

黄泉の国と葦原中国の境目にある出入口とされるところ。黄泉醜女に追いかけられた伊邪那岐神は、黄泉比良坂まできたとき、生えていた桃の実3個を投げつけて、黄泉醜女を撃退した。最後に伊邪那美神が追いかけてきたので、伊邪那岐神は大きな岩で出入口をふさぎ、「あなたの国の国民を1日に1000人絞め殺しましょう」「ならば、私は1日に1500人の命を与えよう」とお互いに絶縁の言葉を言い交わした。この場所は現在の島根県松江市東出雲町にある黄泉津比良坂にあたるといわれるが、諸説あり。

黄泉戸喫
【よもつへぐい】

黄泉の国のかまどで作った食物

黄泉の国の火で煮炊きしたものを食べること。黄泉の国と葦原中国は行き来ができるとされているが、黄泉戸喫をしてしまうと、もう葦原中国には帰れなくなる。

181

依代
【よりしろ】

大きな木や岩石などの自然物の
ほかに、御幣、鏡など、ご神霊
が降臨するときに寄りつくもの。

神鏡

能の鏡板に映る松

鏡もち

万幡豊秋津師比売命
【よろずはたとよあきつしひめのみこと】

高御産巣日神（高木神）の娘で、思金神
の妹。天照大御神の長男である天之忍穂
耳命と結婚し、葦原中国の平定を待つ
間に邇邇芸命が生まれた。そこで邇邇芸命
が天之忍穂耳命の代わりに天下る。織物と
穀物の女神。

礼手
【らいしゅ】

直会などで盃を受けるとき、神さまへの感
謝の気持ちを込めて、両手を開いて一回打
ち合わせること。

雷神
【らいじん】

雷の神さまで、「雷さま」ともいわれる。

来訪神
【らいほうじん】

定期的に訪れ、人々を祝福する神さま。

略拝詞
【りゃくはいし】

とても短い拝詞で、神社の参拝や家庭の神
棚でお参りをするときに奏上する。拝詞と
は祝詞の一種。全文は「祓へ給へ、清め給
へ、守り給へ、幸へ給へ」で、「邪気を祓っ
てください、心身を清めてください、お守
りください、幸せになるようにお導きくだ
さい」という意味が込められている。全文
はp174にも掲載しているので、覚えるま
でコピーして持ち歩くのもおすすめ。

略祓詞
【りゃくはらえことば】

略拝詞よりもさらに短く、全文は「祓へ
給へ、清め給へ」といたってシンプル。ぜ
ひ覚えて、神社の参拝や家庭の神棚でのお
参りだけでなく、心がざわついたり、元気
が出なかったりしたときにも唱えたい。言
霊のお守りになってくれるはずだ。全文は
p90にも掲載しているので、コピーして
見える場所に貼っておくのもおすすめ。

龍
【りゅう】

龍は伝説上の生きものだが、古来より、龍神さまといわれてとても大切にされてきた。自然のエネルギーが動くあらゆる場所にいるとされ、運気、仕事、人間関係、お金など、さまざまなものの流れをよくしてくれると信じられている。

神使ではなく
龍神

霊威
【れいい】

人間の考えが到底およばない、神さまの不思議な力のこと。

例祭
【れいさい】

神社にとって最も重要な大祭で、年1回執り行われる。「例大祭」ともいわれる。神社によって時期は異なり、ご祭神に関わりが深い日だったり、創建日だったりと、特別な由緒のある日が選ばれている。春の祈年祭、秋の新嘗祭、神社ごとの例祭は「三大祭」と称され、特に大事にされる。

霊璽
【れいじ】

家庭で先祖をおまつりする際、祖霊舎の中に、仏教の戒名や法名にあたる「霊号」を書き入れた霊璽を納める。霊璽は仏式の位牌にあたるもので、御霊の依代となる。専用のふたがある場合、普段はふたをつけたままでおまつりし、年祭など特別な日にはふたを外しておまつりすることが多い。

鹿卜
【ろくぼく】

鹿の肩骨の裏側を焼いて、表側にできたひび割れをもとに、ご神意や事柄の吉凶を占う古代の占法のこと。記紀などでは「太占」ともいわれていた。動物の骨ではなく、亀の甲羅を焼いて同様に占う場合は「亀卜」と呼ばれる。鹿卜の後、亀卜が盛んになっていった。

183

和歌

【わか】

「やまとうた」とも呼ばれる、日本固有の韻文。よく知られているのが五・七・五・七・七の短歌形式の和歌。日本最古の和歌は、須佐之男命の神詠とされる。日本で最も古い、奈良時代の歌集『万葉集』には、短歌形式以外の和歌もあるが、平安時代の勅撰和歌集『古今和歌集』では、ほぼ短歌形式になった。室町時代から江戸時代にかけては、短歌でご神意を判断する「歌占」という占いが人気で、現代のおみくじにも、占いごとの判断のよりどころとなる短歌が記されている。「令和」の元号の出典元は『万葉集』で、第5巻の「梅花の歌」から引用されている。原文の引用部分は「初春令月 気淑風和 梅披鏡前之粉 蘭薫珮後之香」。書き下し文は「初春の令月にして、気淑く風和ぎ、梅は鏡前の粉を披き、蘭は珮後の香を薫らす」。諸説あるが、作者は歌人の大伴旅人といわれている。

若水

【わかみず】

元旦、最初に汲む水のこと。若水を飲むと1年の邪気を祓えるとされており、年神さまにお供えしたり、お雑煮をつくったり、お茶をいれたりする。

和気清麻呂

【わけのきよまろ】

奈良時代から平安時代初期の貴族。天皇の座を奪おうとする僧の道鏡の陰謀を阻止したために、流罪となって表舞台から追放されるが、第49代光仁天皇に呼び戻され、晩年まで世のため人のために活躍した。「足腰の病気やけが平癒」「スポーツ守護」などのご利益で知られる京都市上京区に鎮座する護王神社などにご祭神としてまつられている。

鷲

【わし】

稲穂を持った鷲が飛来して日本の稲作は始まった、という伝説があり、そこから農業と稲穂の神さまである天穂日命と、その子の天夷鳥命の眷属とされる。東京駅丸の内側の赤レンガ本駅舎のドーム天井には、稲穂を持つ鷲の美しいレリーフが飾られている。

カルチャー
culture

気負うことなく、
神社や神道の世界に親しめるのが、
漫画、書籍・絵本、映画、
すごろく・かるたなどのカルチャー作品。
笑ったり、泣いたり、
驚いたりするだけでなく、
知的好奇心を大いにくすぐられる
優作をご紹介。

漫画

【Comics】

1

神主さんの日常

著：瀬上あきら
株式会社マッグガーデン

神主さんって普段、何をやっているのか？ 知っているようで知らない神主さんの日常から神社の常識まで、知られざる秘密!? を愉快に描いたコミックエッセイ。興味深い話があれもこれもと盛り込まれ、ぐいぐいと引き込まれる。読後には、神主さんや神社がより身近に感じられ、親近感がわいてくる。監修・協力は埼玉県神社庁、三峯神社。

2

神様はじめました

著：鈴木ジュリエッタ
白泉社

主人公の桃園奈々生(ももぞのななみ)は、父親が蒸発して家を追い出され、途方に暮れていた。そんなとき、犬に追われている優男ミカゲを助けたことをきっかけに、廃れた神社を譲り受け、なんと土地神の責務まで譲渡されたのであった。神社に住みつく神使たちとの共同生活を通じ、さまざまな神さまと出会ったり、困難に立ち向かったりして成長していく姿が描かれている。

3

登拝開運祈願
山伏ガール

著：たなべみか
朝日新聞出版

「富士山に登ると廃人になる」と予言された著者は、「それなら逆に富士に登ってやる」と一念発起。最悪の予言を乗り越えようとする。しかし、登山経験がないため、富士山に登る前にさまざまな霊山に登って、経験と功徳を積む。そして、いよいよ富士登山に挑むことになるのだが……。元気が出る、オカルト登山エッセイコミック。

4
町でうわさの天狗の子

著：岩本ナオ
小学館

緑峰山の天狗の神さまのひとり娘・秋姫は、下界で人間の母親と暮らしながら中学校に通う、町でうわさの「天狗の子」。お山で天狗修行に励んでいる幼なじみからは、早く修行を始めるようにと言われるが、断り続ける毎日だ。周囲とはちょっと違う自分に悩みながら、秋姫が成長していくストーリー。登場する眷属の動物たちも魅力的だ。

5
応天の門

著：灰原薬
新潮社

学問の神さまといわれる菅原道真公が学生として登場。都きっての色男であり歌人の在原業平公とともに、都で起こる怪奇事件をその知識で解決してゆく物語。平成30（2018）年には、福岡県太宰府市に鎮座する太宰府天満宮の宝物殿にて原画展を開催し、太宰府天満宮に著者である灰原薬先生が「道真公」の奉納絵をお納めしている。

6
江戸前エルフ

著：樋口彰彦
講談社

東京都中央区月島で、江戸時代より400年以上の歴史を刻む高耳神社。その神社の巫女である小糸と、ご神体エルフのエルダの、下町ライフの物語。エルダは徹夜でゲームをしたり、本殿でプラモデルをつくったり、ネット通販をポチッとしたり。とにかく毎日をダラダラと過ごす、極度の引きこもりの神さまで……。読んだ後、温かくやさしい気持ちになれる秀作。

書籍・絵本
【Books】

1

はるなつふゆと七福神

著：賽助

ディスカヴァー・トゥエンティワン

会社をクビになって自堕落な生活を送る平凡なニート女子・榛名都冬のもとにあらわれた小さなふたりの老人は、何と七福神！ しかし、福禄寿と寿老人という、かなりマイナーな神さまで……。ネットを使ったPRを頼まれた都冬と、ユニークな神さまのおかしな生活がスタートする。第1回本のサナギ賞優秀賞受賞作。

2

カラー版
日本の神社100選
一度は訪れたい
古代史の舞台ガイド

著：日本の神社研究会
宝島社新書

3

日本を元気にする
古事記のこころ

著：小野善一郎
青林堂

日本人なら一度は訪れたい日本の神社を100社選定。200点以上の写真を使って、オールカラーで詳しく解説しているガイドブック。神社を通して、古代から今に続く日本の素晴らしさを感じることができ、何度もページをめくりたくなる。本のサイズは新書判と小さめなので、持ち運びにも便利。神社を巡る旅のおともになってくれそうだ。

本書の監修者でもある小野善一郎先生が読み解く、やさしい『古事記』の世界。伊邪那岐神と伊邪那美神の国生みから、黄泉の国、天の岩屋戸、八岐大蛇退治、天孫降臨まで、「こころ」という観点で、わかりやすく『古事記』を解説している名作。『古事記』とは何かがよく分かり、また、神さまをとても身近な存在として感じられるようになる。

4

あなたを
幸せにする
大祓詞 CD付

著：小野善一郎
青林堂

本書の監修者でもある小野善一郎先生が「大祓詞」をわかりやすく解説した内容で、その「こころ」がしっかり伝わってくる。知的好奇心を満足させるだけでなく、知れば知るほど、幸せで平和な気持ちに誘われる。著者自らが読み上げた大祓詞を収録した貴重なCD付きなのもうれしい。繰り返し聴くことで、大祓詞の読み方を学ぶこともできる。

6

かみさまの
おはなし

著原作：藤田ミツ
その他：渡邊みどり
構成：高木香織
講談社

太平洋戦争が始まる前の昭和15（1940）年に発行された「カミサマノオハナシ」は、『古事記』を子ども向けにやさしく書き直した本で、令和を迎えて復刊された。上皇后美智子さまが天皇陛下に読み聞かせをされた本としても知られる。書かれた時代ならではの文体がけっして古びておらず、むしろ優美でリズムのいい文章として耳に入る素晴らしい一冊。

5

落語で読む古事記
はじまりは高天原
スサノオノミコトと
クサナギノツルギ

落語原作：桂文枝
文：ささきあり／絵：森本サンゴ
PHP研究所

上方落語の重鎮である桂文枝師匠は、神社を先祖代々お守りしてきた神職の有志でつくる「永職会」と協力して、『古事記』の落語化に取り組んだ。その落語のエッセンスを軽妙で笑いに満ちた語り口でまとめたユニークな絵本。読みやすいので、子どもから大人まで気軽に楽しめる。内容は日本たんじょう、天の岩戸びらき、ヤマタノオロチたいじ。

7

大きな森の
かみさまの
おひっこし

著：つちやゆみ
監修：中島徹
イラスト：いながきかおり
三恵社

三重県伊勢市に鎮座する伊勢神宮の式年遷宮と森の循環について、わかりやすく描いた絵本。絵本といっても子どもだけでなく、幅広い年代に向けた内容で、神社や森を通じて美しい日本の自然や文化を伝え、森林を守るきっかけになれば、という熱い想いが詰まっている。三恵社「第4回 絵本コンテスト」の伝統文化継承作品優秀賞を受賞。

映画
【Movies】

1
巫女っちゃけん。

発売：モロトフカクテル
販売元：JVCケンウッド・
ビクターエンタテインメント

©『巫女っちゃけん。』製作委員会
監督：グ スーヨン

福岡県福津市に鎮座する宮地嶽神社の全面
バックアップで撮影。未来に夢も希望も抱け
ずに巫女のバイトを続けている主人公は、夜
中の境内で、社殿に隠れていた5歳の少年を
見つける。その少年の世話をしていくうちに、
自分を見つめ直していく。神社の作法や礼節
を映像の中にちりばめながら、ひとりの巫女
が悪あがきを通じて成長していく物語。

2
ちはやふる

発売・販売元：東宝

競技かるたを題材にした大ヒット少女コ
ミックの実写版。競技かるたの名人・ク
イーンを目指す少女が成長していく姿を、
恋愛や友情、別れ、再会といった青春ス
トーリーとともに描いた名作で、「上の
句」「下の句」「結び」の三部作がある。
滋賀県大津市に鎮座する、かるたの聖地
とされる近江神宮も登場する。

「ちはやふる ―上の句―」
Blu-ray&DVDセット発売中
©2016映画「ちはやふる」製作委員会
©末次由紀／講談社

3
君の名は。

発売・販売元：東宝

「君の名は。」
Blu-ray&DVD 発売中
©2016「君の名は。」製作委員会

東京に暮らす男子高校生と岐阜県の山奥に住む女
子高校生の間で、不定期な入れ替わりという謎の
現象が起きる。ふたりはその状況を楽しみつつ、
次第に打ち解けていくのだが……。そこには意外
な真実が待ち受けていた。作中には、神社、巫女
神楽、ご神体などが登場。神社ファンも必見の、
大ヒットを記録したアニメーション映画だ。

1

それいけ!
古事記すごろく

監修：大館真晴

イラスト：水元博子

ヒムカ出版

『古事記』のストーリーに沿って、神さまや物語の場面を進んでいくすごろくゲーム。ふりだしは高天原。あがりまで、泣いたり、すねたり、笑ったりする神さまたちは、とても楽しく、身近な存在として感じられる。全升目の解説をのせたオールカラーの手帖付きなので、すごろくゲームで遊びながら『古事記』を学ぶことができるのもうれしい。

2

古事記かるた

大石天狗堂

『古事記』に出てくる物語の中から、知っておいてほしい場面を選び、かるたにしたもの。字札と絵札は2枚1組。名場面の様子を短く、調子よくまとめた言葉を記した字札と、楽しいイラストの絵札からなる物語編（45組）に加え、『古事記』に登場する和歌の中から特に有名なものや素晴らしいものを選んだ字札と絵札の歌謡編（5組）がある。

さくいん

神社

神さま

思金神（64）、於母陀流神、妹阿夜訶志古泥神（64）、柿本人麻呂（69）、かまど神（71）、神産巣日神（72）、神世七代（73）、神倭伊波礼琵古命（73）、久延毘古（79）、櫛名田比売（80）、楠木正成（80）、国之常立神（81）、熊野久須毘命（82）、別天つ神（87）、木花之佐久夜毘売（87）、西郷隆盛（92）、真田幸村（94）、猿田毘古神（95）、七福神（98）、寿老人（102）、神功皇后（106）、神道の神々（109）、神武天皇（111）、神明（111）、菅原道真（112）、少名毘古那神（112）、須佐之男命（112）、須勢理毘売（113）、崇徳天皇（114）、瀬織津比売（116）、造化三神（118）、底筒之男命（118）、祖先神（118）、大黒天（122）、大権現（122）、平将門（123）、高御産巣日神（124）、多岐都比売命（125）、武田信玄（125）、建御雷之男神（125）、建御名方神（125）、田の神さま（126）、玉祖命（128）、玉依毘売命（128）、月読命（132）、角杙神、妹活杙神（133）、東郷平八郎（136）、徳川家康（137）、年神と歳徳神（138）、豊雲野神（139）、豊玉毘売命（140）、豊臣秀吉（140）、中筒男命（145）、新田義興（148）、邇邇芸命（148）、日本三大怨霊（148）、乃木希典（150）、速開都比売（158）、速佐須良比売（158）、祓戸四神（159）、毘沙門天（159）、ひとり神（159）、火之迦具土神（160）、福禄寿（162）、布刀玉命（163）、弁財天（164）、火須勢理命（165）、布袋尊（165）、松下幸之助（168）、御毛沼命（169）、宗像三女神（172）、八千矛神（177）、陽神（179）、吉田松陰（180）、万幡豊秋津師比売命（182）、雷神（182）、来訪神（182）、和気清麻呂（184）

古事記 など

葦原中国（33）、天つ神（34）、天つ罪（34）、天岩戸（35）、天浮橋（36）、天沼矛（37）、天御柱（37）、天叢雲剣（38）、荒振神（38）、淡島（39）、淡路島（39）、壱岐島（39）、因幡の白兎（45）、誓約（48）、海原（50）、海幸彦（51）、太安万侶（57）、大八島国（58）、隠岐島（59）、オノゴロ島（62）、意富加牟豆美命（63）、神生み（72）、記紀（75）、九州（77）、国生み（81）、国つ神（81）、国つ罪（81）、国譲り（81）、古事記（85）、佐渡島（94）、四国（98）、修理固成（102）、神武東征（111）、高千穂峰（124）、高天原（124）、竹の子（125）、筑紫の日向の橘の小門の阿波岐原（132）、対馬（133）、天孫降臨（135）、天地開闢（136）、天武天皇（136）、常世国（138）、常世長鳴鳥（138）、舎人親王（139）、豊葦原瑞穂国（139）、日本書紀（148）、日本神話（149）、沼島（149）、根之堅洲国（150）、稗田阿礼（159）、水蛭子（161）、葡萄（163）、風土記（163）、本州（165）、禊祓と三貴子（171）、桃の実3個（173）、八尋殿（177）、山幸彦（178）、八俣大蛇（178）、湯津爪櫛（179）、斎庭（179）、黄

和歌

東風吹かば にほひをこせよ 梅花 主なしとて 春を忘るな（87）、神祇歌（106）、長き世の 遠の眠りの みな目さめ 波乗り船の音のよきかな（144）、何事の おはしますかは 知らねども かたじけなさに 涙こぼるる（147）、日の本に 生まれ出でにし 益人は 神より出でて 神に入るなり（160）、御歌（168）、八雲立つ 出雲八重垣 妻籠みに 八重垣作る その八重垣を（176）、和歌（184）

祝詞

大祓詞（57）、神棚拝詞（72）、神社拝詞（108）、祖霊拝詞（119）、吐普加美依身多女（137）、祝詞（150）、祝詞奏上（150）、祓詞（158）、略拝詞（182）、略祓詞（182）

食べもの、日用品など

赤福餅（32）、甘酒（34）、いなり寿司（45）、梅ヶ枝餅（51）、大福梅（58）、お浄めコスメ（60）、足袋下（127）、足袋ブラシ（127）、千歳飴（129）、褌（163）

学校、検定など

皇學館大学（85）、國學院大學（85）、神社検定／神道文化検定（108）、神職資格取得通信課程（108）、神職養成所（108）

団体、人物、物語など

浅野温子（33）、いすゞ自動車（41）、出雲阿国（42）、一寸法師（44）、賀集利樹（70）、キッコーマン（76）、猿田彦珈琲（95）、しわす役＝広瀬アリス（106）、東海道中膝栗毛（136）

その他の用語

赤心（32）、荒魂（38）、稲魂（44）、忌み（46）、忌詞（46）、磐座（46）、歌占（50）、御嶽（50）、恵方参り（53）、大御心（58）、お朔日（62）、かしこみかしこみ（69）、数霊（70）、神がかり（72）惟神の道（74）、神奈備（74）、神習う（75）、菊（75）、宮中三殿（77）、教育勅語（78）、御製（79）、禁忌（79）、奇魂（80）、敬神崇祖（83）、穢（84）、皇紀（85）、五色（85）、言霊（87）、幸魂（93）、山岳信仰（95）、橘（98）、修験道と山伏（101）、浄明正直（103）、神徳（110）、神仏習合（110）、神仏分離（110）、神宝（110）、神木（110）、清浄（115）、魂鎮と魂振（128）、出羽三山（134）、天地神明（136）、直霊（144）、中今（144）、和魂（147）、廃仏毀釈（154）、祓（158）、富士信仰（162）、巫女コスプレ（170）、禊（171）、殯（173）、物忌（173）、予祝（180）

参考文献

『神道事典』國學院大學日本文化研究所編（弘文堂）

『神社のいろは』神社本庁監修（扶桑社）

『神話のおへそ』神社本庁監修（扶桑社）

『キャラ絵で学ぶ！ 神道図鑑』山折哲雄監修（すばる舎）

『眠れなくなるほど面白い 図解 神道』渋谷申博著（日本文芸社）

『神饌 神様の食事から"食の原点"を見つめる』南里空海著（世界文化社）

『ご縁がつながり運がひらける 日本の神さま大全』吉岡純子著（フォレスト出版）

『英訳付き 明治神宮案内帖』明治神宮監修（PARCO出版）

『昭和天皇の大御歌 一首に込められた深き想い』所功編著（角川書店）

『あなたを幸せにする大祓詞 CD付』小野善一郎著（青林堂）

『時代の大転換点 これからの日本人としての心構え』小野善一郎著
　（公益財団法人日本文化興隆財団）

『続 時代の大転換点　心神を守る』小野善一郎著
　（公益財団法人日本文化興隆財団）

◆おわりに

神社・神道の世界、いかがでしたか。

あなたの心の中にも神さまが宿っていることに
気づいていただけたら、とてもうれしく思います。

「神社・神道の本をつくりませんか？」とお声をかけてくれた
誠文堂新光社の畠山沙織さん、心からありがとうございます。

渾身のイラストを描いてくださった池田衣絵さん。
池田さんのイラストには命が宿っていて、今にも動き出しそうです。
おしゃべりする声が聞こえ、
草木のにおい、山の湿気まで感じられます。

ページの隅々にまで細かく目配りをして、
麗しいデザインに仕上げてくれた川添藍さん。
ページをめくるたびに、心地いい風が吹き抜けていきます。

そして、私の尊敬する先生であり、
神社・神道の世界を
わかりやすくご指導くださる小野善一郎先生。
小野先生の言葉には愛と熱がつまっていて、
その言霊にはいつも心を揺さぶられます。
ひと言だって聞き逃したくありません。

この本に関わってくださったみなさまと、
この本を読んでくださった読者のみなさまに
心より御礼を申し上げます。

本村のり子

監修：小野善一郎 Zenichiro Ono

福島県生まれ。群馬県渋川市に鎮座する渋川八幡宮宮司、伊香保神社宮司。博士（神道学）。國學院大學兼任講師。公益財団法人日本文化興隆財団講師。國學院大學大学院文学研究科神道学専攻博士課程後期修了。東京都文京区に鎮座する湯島天満宮権禰宜として奉仕後、現職。多くの講座やセミナーで講師を務め、全国各地で講演活動を行う。著書に『日本を元気にする古事記のこころ』『あなたを幸せにする大祓詞』『大嘗祭のこころー新嘗のこころ改訂版』（すべて青林堂）など多数。

著者：本村のり子 Noriko Motomura

鹿児島県生まれ。フリーランスのライター、編集者。早稲田大学社会科学部卒業。ファンタシウム（楠田枝里子事務所）を経て、書籍や雑誌の編集・執筆に携わる。宗教、健康、料理、暮らしなどのジャンルで精力的に活動中。企画、編集、執筆した書籍に『明治神宮365日の大御心』『英訳付き 明治神宮案内帖』（ともにPARCO出版）、『悩まない力（スリランカ初期仏教長老 アルボムッレ・スマナサーラ著）』『高野山 癒し（高野山 金剛三昧院住職久利康暢著）』（ともに主婦と生活社）など多数。

神社にまつわる言葉をイラストと
豆知識でかしこみかしこみと読み解く

神社語辞典

2021年8月16日　発　行　　　　　　　　　　NDC170
2022年4月1日　第2刷

イラスト／池田衣絵
デザイン／川添 藍
編集／本村のり子
校正／高柳涼子

著　者　本村のり子
発行者　小川雄一
発行所　株式会社 誠文堂新光社
　　　　〒113-0033 東京都文京区本郷3-3-11
　　　　［編集］電話 03-5800-5779
　　　　［販売］電話 03-5800-5780
　　　　https://www.seibundo-shinkosha.net/
印刷・製本　図書印刷 株式会社

ISBN978-4-416-52121-2